AGATHA BIESCHKE | RALF HESKE
mit Silke Panten

un stopp able

VERWANDLE ANGST UND ZWEIFEL IN MUT UND SELBSTVERTRAUEN

INHALT

EINLEITUNG

Es war einmal eine Kapitänin eines wunderschönen seetüchtigen Segelschiffs. Auf dem Schiff gab es alles, was das Kapitäninnenherz begehrte: Segel aus bestem reißfestem Stoff, ein prächtiges hölzernes Steuerrad, eine gemütliche Kajüte zum Ausruhen, eine Hightechkombüse, jede Menge Vorräte und sogar ein hochmodernes Fernglas, mit dem man kilometerweit schauen konnte.

Die junge Kapitänin hatte das Segeln von den älteren Kapitäninnen ihrer Gemeinschaft gelernt. Die hatten ihr alles beigebracht, was sie wissen musste, und hatten ihr auf der Seekarte gezeigt, welche Routen sie sicher befahren konnte. Die Kapitänin fühlte sich wohl in ihrer Gemeinschaft. Sie genoss es, mit den anderen Kapitäninnen im seichten Wasser entlangzusegeln. Sie wusste, sie hatte Glück, Reisegefährtinnen zu haben, die sie mochte, und eine Umgebung, in der es sicher und gemütlich war. Und doch spürte sie manchmal ein leichtes Ziehen in ihrem Bauch und eine merkwürdige Schwere in ihrem Herzen. Jeden Tag hielt die Kapitänin ihre Seekarte in der Hand und blickte durch ihr Fernglas. Was sie dort wohl erwartete? Sie sah eine Insel, die wunderschön zu sein schien. Sie sah auch dort einige Segelmasten, was bedeutete, dass es möglich sein musste, dorthin zu gelangen. Doch würde auch sie es schaffen? War sie wirklich gut genug als Kapitänin, um diese Insel zu erreichen?

Sie sah, wie einige andere Schiffe im Hafen ablegten und zielsicher in eine bestimmte Richtung segelten, fast so, als hätten sie sich abgesprochen. Die Kapitänin hatte sich auf ihrer Karte die Insel markiert, die sie so gern bereisen wollte, doch nun fragte sie sich, ob das auch das richtige Ziel war und ob sie es wagen sollte, wo doch die anderen Schiffe gerade alle in eine andere Richtung segelten und dabei dicht am Ufer blieben.

»Egal«, dachte sich die Kapitänin, »ich probiere es einfach mal.« Und sie segelte los. Die anderen Kapitäninnen schauten ihr verblüfft hinterher. Sie hörte, wie einige tuschelten. Andere riefen ihr hinterher: »Was machst du denn da? Das geht nicht! Du fährst in die falsche Richtung. Wir fahren hier lang. Das, was du machst, ist gefährlich.«

Die Kapitänin wurde unsicher, begann zu zweifeln: Hatte sie sich vielleicht doch übernommen? Warum fuhr von den anderen niemand zu dieser Insel in der Ferne? Konnte sie sie allein überhaupt erreichen? In dem Moment brach ein Sturm über sie herein, die Wellen wurden höher und höher und warfen die Kapitänin in ihrem Schiff hin und her. Sie bekam Angst. Sie hatte es gewusst. Die anderen hatten recht gehabt. Es war zu gefährlich. Sie beschloss, wieder umzudrehen. Als sie von Wind und Meer zerzaust wieder im sicheren Hafen ankam, schauten einige der anderen Kapitäninnen sie mitleidig an. Andere zeigten spottend mit dem Finger auf sie. Wieder andere wendeten ihr den Rücken zu und taten so, als sähen sie sie gar nicht.

Die Kapitänin war traurig. Sie beschloss, weiter das seichte Ufer zu erkunden und den anderen Schiffen hinterherzusegeln. Irgendwann merkte sie, wie sicher und wohl sie sich hier in Ufernähe inmitten der vielen anderen Schiffe fühlte. Dann und wann blickte sie jedoch noch immer sehnsüchtig in die Ferne und fragte sich, ob sie es nicht doch noch einmal wagen sollte, zu der wunderschönen Insel zu segeln. Da nie ein Schiff von dort zurückkam, wusste sie nach wie vor nicht, was sie erwartete.

Es würde sicher hohe Wellen geben, noch höhere, als sie bei ihrem letzten Versuch erlebt hatte. Sie würde auch lange Zeit allein auf dem weiten Meer sein, ab einem bestimmten Punkt würde es zudem kein Zurück mehr geben. Und obwohl die Insel durchs Fernglas atemberaubend schön aussah, konnte das ja auch täuschen. »Heute nicht«, sagte sich die Kapitänin Tag für Tag. »Vielleicht morgen, wenn der Wind besser steht.« Doch der Wind stand an keinem Tag perfekt. Und so blieb die Kapitänin ihr Leben lang am seichten Ufer inmitten der vielen anderen Schiffe, die sie so gut kannte. Ihr Fernglas verstaute sie im hintersten Regal in ihrer Kajüte, und fortan ignorierte sie das leichte Ziehen in ihrem Bauch und die merkwürdige Schwere in ihrem Herzen.

Was hättest du der Kapitänin geraten zu tun? Hättest du ihr geraten, weiter in der Sicherheit des seichten Ufergewässers zu bleiben? Oder hättest du sie bestärkt, ihren Mut zusammenzunehmen, die Segel zu setzen und ihre Träume zu verwirklichen?

Es ist immer leicht, anderen gute Ratschläge zu erteilen: »Tu es einfach! Lebe deinen Traum! Nur wer wagt, gewinnt.« Warum fällt es uns dann so schwer, uns an unsere eigene Empfehlung zu halten – und für unser Wunschleben auch einzustehen?

Der Titel dieses Buches ist *Unstoppable*. Wahrscheinlich hast du es mit der Erwartung zur Hand genommen zu erfahren, wie du unstoppable wirst. Möchtest du ein Geheimnis erfahren? Du bist bereits unstoppable, denn du trägst bereits alles in dir, was es dafür braucht. Mithilfe dieses Buches wirst du nun in dein Unstoppable Self hineinwachsen, wirst es sanft wach kitzeln. Du wirst Angst und Zweifel hinter dir lassen und sie gegen Mut und Selbstvertrauen eintauschen. Du wirst lernen, als Kapitänin deines eigenen Schiffes die Orte zu finden, die du gern besegeln würdest. Du wirst herausfinden, dass es manchmal gar nicht so schlimm ist, einen Teil des Meeres allein zu besegeln. Denn irgendwann wirst du auf andere Schiffe mit anderen Kapitäninnen stoßen, die die gleiche Richtung wie du eingeschlagen haben. Vielleicht grüßt ihr euch nur knapp und segelt weiter für euch allein, vielleicht legt ihr einen Teil der Strecke gemeinsam zurück, vielleicht findest du in einigen der Kapitäninnen aber auch Gefährtinnen fürs Leben. Wer weiß das schon? Wir können auch nicht wissen, wo im Meer des Lebens uns Untiefen erwarten und wo uns der Rückenwind auf nahezu magische Weise unserem Ziel entgegenpustet. Doch was wir wissen können, ist, wohin wir segeln wollen und was wir dafür brauchen. Und dann dürfen wir den Mut haben, zu neuen Ufern aufzubrechen. *Unstoppable* wird dich auf diesem Weg begleiten. Es basiert auf drei Säulen.

Säule 1: Unstoppable Clarity. Hier lernst du dich selbst kennen. Du erfährst alles über dich als Kapitänin, entdeckst deine Stärken, erkundest deine Schatten und wagst einen Blick durchs Fernglas auf die Orte, die darauf warten, von dir entdeckt zu werden.

Säule 2: Unstoppable Energy. Es warten wertvolle Übungen auf dich, mit denen du dein Energielevel oben halten kannst. So lenkst du dein Schiff durch jeden noch so schweren Sturm.

Säule 3: Unstoppable Courage. Wenn du nur machst, was du schon kannst, bleibst du immer da, wo du bereits bist. Mit Säule 3 betrittst du mutig Neuland. Kleine Challenges helfen dir, deine Komfortzone spielerisch zu erweitern, damit du genau das machen kannst, was du der Kapitänin aus der Geschichte vermutlich auch geraten hättest: deinen Mut zusammennehmen, die Segel setzen und deine Träume verwirklichen.

Vielleicht möchtest du gemeinsam mit einer Freundin durch die Übungen dieses Buches gehen. Das macht mehr Spaß, erleichtert das Dranbleiben – und es ist sowieso gut, Menschen um sich zu haben, die auch Interesse an innerem Wachstum haben.

Bist du bereit? Dann lass uns lossegeln!

Säule 1

Unstoppable Clarity

Innere Klarheit für mehr Selbstbewusstsein

Wie gut kennst du dich selbst? Kennst du deine Stärken? Deine Talente? Weißt du, was dir Freude bereitet? Und was dir im Gegenteil eher Energie raubt? Was du liebst? Wen du liebst? Und was du am Ende deines Lebens auf keinen Fall verpasst haben möchtest? Sich solche Fragen zu beantworten, ist gar nicht so leicht. Gleichzeitig ist es für ein glückliches und erfülltes Leben so wichtig, dass wir diese Antworten kennen. Säule 1 wird dir dabei helfen, all diese Antworten zu finden, und zeigt dir unter anderem auch, wie du dich von deinen begrenzenden Glaubenssätzen befreien und wie du besser mit deinen Gefühlen umgehen kannst.

Tipp: Leg dir ein Unstoppable-Journal zu!

Du wirst dich auf deinem Weg zu deinem Unstoppable Self so gut kennenlernen, als wärst du deine allerbeste Freundin. Die Fragen und Übungen in diesem Buch laden dich immer wieder dazu ein, bestimmte Aspekte schriftlich zu reflektieren. Natürlich kannst du hier einfach jedes Mal ein Blatt Papier und einen Stift zur Hand nehmen. Noch mehr Freude wird es dir machen, wenn du dir dein eigenes Unstoppable-Journal zulegst: ein schönes Notizbuch, dessen Deckblatt du so gestaltest, dass du dich jeden Tag darauf freust hineinzuschreiben.

Viel Spaß auf deinem Weg zu mehr Klarheit und mehr Selbstbewusstsein!

ENTWICKLE EINE VISION VON DEINEM WUNSCHLEBEN

Hast du dich schon mal gefragt, wie du dein Leben *wirklich* leben willst?
Wenn wir uns mit unserem zukünftigen Leben beschäftigen, begegnet uns so oft das Wort »Vision«. Ein großes Wort, das durchaus unter Druck setzen kann. Oft denken wir, dass eine Vision doch nur dann gut ist, wenn wir besonders reich oder berühmt werden, Häuser in allen Teilen der Welt besitzen oder auf der Bühne singen oder tanzen wollen. Dabei ist eine Vision nichts anderes als eine gedankliche Reise in unsere eigene Zukunft, die uns in konkreten, von uns geschaffenen Bildern zeigt, wie wir unser Leben wirklich (wirklich, wirklich) gestalten und leben möchten, und zwar vor dem Hintergrund, dass wir alles erreichen können, was wir wollen, ohne darauf zu hören, was sich gehört oder nicht gehört oder was andere machen. Unsere Lebenszeit ist begrenzt. Es lohnt sich also, einen Blick darauf zu werfen, ob der Weg, den wir eingeschlagen haben, auch der für uns stimmige Weg ist. Denn wäre es nicht schön, am Ende des Lebens sagen zu können: »Ja, das war ein lebenswertes Leben«?

Angenommen, alles wäre möglich, du hättest keine Angst und könntest niemals scheitern: Wie sähe dann dein Wunschleben aus?

Stell dir die Zeit, die du hast, wie ein Konto vor, das am Anfang deines Lebens prall mit Zeitmünzen gefüllt ist. Die Entscheidung, wie du diese Zeitmünzen ausgeben möchtest, liegt ganz allein bei dir. Es ist dein Leben. Oft ist es so, dass wir gar nicht so genau wissen, was wir vom Leben wirklich möchten, und deshalb einfach den Weg einschlagen, den alle um uns herum einschlagen: Wir investieren unsere

Zeitmünzen in ein Lebenskonzept, das uns nur halb entspricht, in Aktivitäten, die uns nur halb erfüllen, und in Menschen, die uns nicht guttun – all das einfach, weil »man das eben so macht«.
Der Gesellschaft und der Fernsehwerbung nach zu urteilen, scheint es das Ideal für die Frau zu sein, einen Partner, ein Haus im Grünen, zwei Kinder (vorzugsweise Mädchen und Junge), einen Labrador und einen Teilzeitjob zu haben. Und damit natürlich glücklich zu sein. Das kann gut für uns sein, wenn dieses Leben genau das Leben ist, das wir leben möchten. Die Fragen, die wir uns immer wieder stellen dürfen, sind:

> Ist das, was die meisten wollen, auch das, was ich will? Ist das, was ich glaube zu wollen, auch das, was ich *wirklich* will? Oder ist es vielleicht das, was von mir erwartet wird?

Genauso wichtig ist es herauszufinden, was wir nicht wollen. Vielleicht treibt uns eher die Angst an, nicht mehr dazuzugehören, wenn wir einen anderen Weg einschlagen als die anderen. Manchmal halten uns nämlich unsere Gedanken und Gefühle und vor allem auch unbewusste Glaubenssätze davon ab, ein authentisches Leben zu leben. Vielleicht, weil wir uns nicht trauen, unseren Weg zu gehen – denn was, wenn es schiefgeht? Vielleicht auch, weil wir gar nicht so genau wissen, was alles möglich ist. Vielleicht aber auch, weil wir Angst haben, von der Norm abzuweichen oder kritisiert zu werden. Dabei ist es völlig und absolut okay, wenn unsere persönlichen Vorlieben und Abneigungen von der gesellschaftlichen Norm abweichen. Wir müssen nicht das mögen, was alle anderen mögen.
Wichtig ist, dass wir lernen, unsere vermeintlichen Wünsche zu hinterfragen, indem wir unsere Gedanken und Gefühle achtsam beobachten, da sie über Glück und Unglück entscheiden können – und uns zudem

viel mehr über unsere Vision verraten, als wir vielleicht meinen. Hier sind drei Schritte, mit denen du deine Vision von dir selbst und deinem Wunschleben entwickeln kannst.

SCHRITT 1: WERDE DIR DEINER SELBST BEWUSST

Was bedeutet Selbstbewusstsein für dich? Würdest du dich als einen selbstbewussten Menschen bezeichnen? In unserem Sprachgebrauch setzen wir Selbstbewusstsein meistens gleich mit Selbstsicherheit. Wenn eine Person besonders überzeugend auftritt, angstfrei ihre Meinungen und Ansichten äußert und sich souverän verhält, wirkt sie auf uns selbstbewusst. In diesem Buch ist Selbstbewusstsein im wahrsten Sinne des Wortes gemeint: Selbstbewusstsein haben wir, wenn wir uns unserer selbst bewusst sind.

Zu wissen, welche Gedanken zu welchen Gefühlen führen, welche Auslöser bestimmte Handlungsmuster einleiten und welche unbewussten Verknüpfungen uns von unserem Traumleben abhalten, ist eine Voraussetzung dafür, glücklich sein zu können. Wenn wir uns noch nicht so gut kennen, wenn wir uns also unserer selbst noch nicht so bewusst sind, können wir auch manchmal noch nicht sicher identifizieren, was wir wirklich über eine Sache denken oder fühlen. Wie kann uns das also gelingen? Vielleicht hilft dir die folgende Übung dabei.

Übung: Was willst du wirklich?

Nimm dir dein Journal und einen Stift zur Hand und mindestens 15 Minuten Zeit. Lass dich auf die folgenden Fragen ein und achte dabei auf die verschiedenen Betonungen der Fragen. Spüre in dich hinein und bemerke, welche Antworten sich zeigen. Lass dich gern von deinen Antworten überraschen.

1. *Was* willst du wirklich?
2. Was willst *du* wirklich?
3. Was *willst* du wirklich?
4. Was willst du *wirklich*?

Du kannst diese Übung auch als Meditation machen und dich von der Musik und der Stimme tragen lassen. Du findest den Zugang zur Meditation »Was willst du wirklich« im kostenlosen Onlinetraining zum Buch (s. Anhang) unter folgendem Link oder QR-Code:
www.unstoppable-buch.de

Unser Bewusstsein spielt sich auf verschiedenen Ebenen ab und wird von so vielen Handlungen und Erfahrungen geprägt. Daher ist es so wichtig, hin und wieder innezuhalten und sich zu beobachten.

Wie fühlst du dich?

Angenommen, du stehst kurz davor, eine neue Stelle in einer fremden Stadt anzunehmen, bist dir aber nicht sicher, ob es das ist, was du von Herzen willst. Vielleicht spürst du ein Flattern in der Magengegend und kannst nicht ausmachen, ob es von der aufregenden Vorfreude kommt oder ob dir dein Bauchgefühl aus anderen Gründen hier sagen möchte: »Hm, ich weiß nicht so recht …«
Hier lohnt es sich, deine Gefühle und Gedanken zu überprüfen, denn manchmal fühlt sich etwas nicht stimmig an, weil wir im Grunde Angst vor Veränderungen haben oder davor, der Situation nicht gewachsen zu sein. Vielleicht zweifelst du an deinen Fähigkeiten, die neue Stelle erfolgreich meistern zu können. Oder du hast die Befürchtung, keinen Anschluss zu finden und einsam zu sein. In solchen Momenten darfst du versuchen herauszufinden, was genau zu deinem Gefühl geführt

hat. Eine gute Prüffrage, ob dir dein Instinkt von etwas abrät oder ob du »nur« Angst vor etwas Neuem hast, ist:

> Angenommen, ich hätte keine Angst
> und ich würde mich nicht unwohl fühlen:
> Was würde ich dann am liebsten tun?

Diese Frage kann auf sanfte Weise deutlich machen, ob deine Ängste und Befürchtungen wirklich berechtigt sind. Eine weitere wunderbare Methode dafür ist The Work nach Byron Katie, eine Selbstcoaching-Methode, die wir dir ab Seite 87 vorstellen. Wenn du beispielsweise ein Unwohlsein verspürst und beim Hineinfühlen bemerkst, dass es Angst ist, frage dich: »Wovor könnte ich Angst haben?« Notiere das. Dann kannst du diese Gedanken, die die Angst verursachen, auf ihren Wahrheitsgehalt überprüfen. So kannst du unterscheiden lernen, ob wirklich etwas im Außen »nicht stimmt« oder ob es lediglich Gedanken und Befürchtungen sind, die dich daran hindern, deinen Weg zu gehen. Vielleicht gibt dir in dem Fall ein Mantra wie »Scheiß drauf, ich mache es trotzdem!« den nötigen Schwung, um trotz Ängsten das zu tun, was du tun willst. Am Ende des Tages haben wir alle Angst vor großen Entscheidungen. Der Grund dafür befindet sich in unserem Kopf. Der Verstand liebt Sicherheit. Und Sicherheit bedeutet für ihn, bei dem zu bleiben, was er schon kennt. Selbst dann, wenn es nicht funktioniert und uns wehtut. Zu den Aufgaben unseres Verstandes gehört es, uns vor unbekannten Dingen und Erfahrungen zu schützen. Sobald er befürchtet, etwas könne schiefgehen, liefert er sabotierende Gedanken, um uns davon abzuhalten, diesen neuen Schritt zu wagen. Mit The Work kannst du diese Gedanken überprüfen.

Außerdem sucht der Verstand immer nach Bestätigungen dafür, dass er recht hat mit dem, was er glaubt. Wenn du also vielleicht Angst hast, dass du zu dumm für diesen neuen Job bist, und du diesen Gedanken glaubst, dann wirst du immer wieder Situationen erleben, in denen du dich »dumm« fühlst. Der Verstand nimmt diese Situationen dankbar als Bestätigung für das, was er glaubt. Würdest du dich stattdessen für fähig halten, mit allen Situationen gut umzugehen, dann würde dein Verstand Beweise dafür liefern, dass du fähig bist.

Welche Erfahrungen prägen dich?

Der Großteil unserer Gedanken entsteht einfach, ohne dass wir sie steuern. Viele von ihnen basieren auf Erfahrungen, die wir einmal gemacht haben, und auf Hypothesen, die wir im Anschluss an ebenjene Erlebnisse aufgestellt haben. Und etliche Gedanken sind einfach Ideen unseres Verstandes. Wir ändern in Gedanken auch ständig unsere Meinung. Wir können am Morgen denken: »Heute esse ich keinen Zucker«, und am Abend: »Ohne Zucker kann ich nicht leben.« Es ist also in Ordnung, unsere Gedanken zunächst einmal als das anzusehen, was sie sind: Ideen und Vorschläge unseres Verstandes. Nicht jeder Gedanke ist wahr – noch nicht einmal für uns selbst. Glaub also nicht alles, was du denkst!

> Unser Verstand neigt dazu, Dinge zu schlussfolgern und einzelne Erfahrungen zu einem allgemeinen Denkmuster zu generalisieren, auch wenn das für uns keinen Sinn macht.

Wenn uns beispielsweise einmal etwas passiert ist, was ein negatives Gefühl in uns erzeugt hat, kann es sein, dass wir unbewusst anfangen, Dinge über die Welt, andere Menschen und uns selbst zu glauben, die mitunter nicht wahr sind. Und je höher die Emotion bei diesem einen negativen Erlebnis ist, desto schneller hält unser Verstand ein generelles Glaubensmuster bereit, das dann ein Leben lang anhalten kann, wenn wir es nicht erkennen und auflösen.

Agatha erzählt

Als ich aufgewachsen bin, waren meine Eltern selbstständig, was einerseits toll war, da ich so von klein auf verschiedene Formen von Erwerbstätigkeit kennengelernt habe. Gleichzeitig waren meine Eltern öfter mal gestresst und manchmal auch unpünktlich und unzuverlässig – wie natürlich jeder Mensch im Laufe seines Lebens. Es kam durchaus vor, dass ich pünktlich an einem vereinbarten Treffpunkt stand und meine Eltern zu spät kamen. Über ihre Arbeit vergaßen sie schlichtweg manchmal, dass wir verabredet waren. Das passierte natürlich nicht oft und heute weiß ich, dass es meine Bewertung war, die diesen Situationen damals so viel Kraft gegeben hat. Ich kann mich an einen Tag erinnern, an dem meine Eltern viel zu spät kamen und mich das wirklich traf. Ich war an diesem Tag ohnehin nicht gut drauf, denn ich fühlte mich körperlich miserabel, und das »Vergessenwerden« war schließlich das, was mein emotionales Fass zum Überlaufen brachte. Natürlich wusste ich, dass meine Eltern es nie böse meinten, zumal solche Situationen auf 18 Jahre hochgerechnet ohnehin nicht allzu oft vorkamen. Ich wusste auch, dass es sicher allen Eltern mal passiert. Und an jedem anderen Tag hätte ich es mir nicht so zu Herzen genommen. Doch an diesem Tag fühlte ich mich so verlassen wie nie.
Es ist durchaus möglich, dass dies der Moment war, in dem mein Verstand die Unzuverlässigkeit meiner Eltern damit verknüpfte, dass sie selbstständig waren. So stellte er die allgemeingültige Hypothese auf, dass alle Selbstständigen wohl unzuverlässig seien. Da ich zu dieser Zeit keine anderen Erfahrungen mit zuverlässigen Selbstständigen machen durfte, führte das dazu, dass ich beschloss, niemals einer selbstständigen Tätigkeit nachzugehen, weil ich kein unzuverlässiger Mensch sein wollte. Der geregelte Beamtenjob erschien mir wie das perfekte Gegenteil zur unzuverlässigen Selbstständigkeit. Ich musste diesen Glaubenssatz erst

finden, um ihn aufzulösen. Hätte ich das nicht gemacht, wäre ich heute noch Beamtin und hätte meine wahre Berufung nie gefunden.

Erfahrungen lassen also Verknüpfungen entstehen, die vielleicht nicht wahr sind und uns unnötig im Leben einschränken. Denn natürlich können wir nicht von zwei Personen, die selbstständig sind, auf alle Selbstständigen dieser Welt schließen. Genauso wenig können wir von einer Erfahrung mit einem Mann auf alle Männer und von einer Erfahrung mit einer besten Freundin auf alle Frauen schließen. Unser Verstand tut das aber allzu gern, da er hofft, dass unser Leben dadurch leichter wird. Er möchte es uns (und sich) ersparen, dass wir Entscheidungen immer wieder zerdenken, und so bietet er uns Kategorien, nach denen wir leben können. Hier besteht jedoch die Gefahr, dass bestimmte Erfahrungen für uns gar nicht mehr im Bereich des Möglichen sind, weil wir uns aufgrund einer schlechten Erfahrung von unseren wahren Wünschen loslösen, noch bevor wir sie in uns formen konnten. Es lohnt sich daher, bestimmte (Ab-)Neigungen zu hinterfragen.

Welche Überzeugungen beeinflussen dich?

Wie gesagt denken wir jeden Tag jede Menge Gedanken. Vereinfacht lässt sich vielleicht sagen: Negative Gedanken fühlen sich schmerzhaft an, wenn wir von ihrem Wahrheitsgehalt überzeugt sind.

> Positive Gedanken führen zu angenehmen Gefühlen,
> wenn – und das ist ganz wichtig –
> wir sie wirklich glauben.

Wenn wir zum Beispiel zwar bewusst denken, dass wir schön und klug sind, aber insgeheim glauben, dass wir hässlich und dumm sind, dann haben die positiven Gedanken nicht die gewünschte Wirkung. Es kann daher hilfreich sein, sich anzusehen, von welchen Gedanken man überzeugt ist. Das können einerseits aktuelle stressige Gedanken sein, die einen einschränken. Andererseits können es Glaubenssätze sein, die man irgendwann in der Kindheit aufgesammelt hat und die das Selbstbild bis heute prägen. Es sind also die Gedanken, *die wir tief im Innern glauben*, die uns in alten Mustern gefangen halten und die unser Leben positiv oder negativ beeinflussen.

Stell dir vor, du wurdest zu einem Vorstellungsgespräch für deinen Traumjob eingeladen. Du hoffst so sehr, dass du diesen Job bekommst, und gleichzeitig hast du Angst, dass es nicht so sein wird. Jetzt könntest du denken: »Ich schaffe das sowieso nicht.« Dieser Gedanke ist zunächst nicht hilfreich, aber von deinem Verstand dennoch gut gemeint, da er dich davor beschützen will, enttäuscht zu sein, wenn du den Job nicht bekommst. Vielleicht hast du auch schon die Erfahrung gemacht, dass du nicht besonders selbstsicher und eloquent auftrittst in Gesprächen mit dir unbekannten Menschen. Wenn du diesen Gedanken jetzt denkst und ihn auch glaubst, dann löst das negative Gefühle aus. Du könntest dich daraufhin verspannen, dich klein fühlen oder auch Angst bekommen. Vielleicht fühlst du dich unwohl und nicht in deiner Kraft, wenn du dann zu diesem Vorstellungsgespräch gehst. Bekommst du die Stelle anschließend wirklich nicht, könnte sich dein Ursprungsgedanke »Ich schaffe das sowieso nicht« bestätigen, auch wenn du die Stelle womöglich aus anderen Gründen nicht bekommen hast.

Wenn wir oft die gleichen negativen Gedanken denken, glauben und danach handeln, entwickeln wir Handlungsmuster und mitunter nicht unbedingt nützliche Gewohnheiten, die zu mäßigen Ergebnissen und anschließend zu neuen negativen Gedanken führen – ein negativer Kreislauf setzt sich in Gang. Wenn wir lernen, unsere negativen und positiven Gedanken bewusst wahrzunehmen und diese zu hinterfragen, und wenn wir lernen zu erkennen, welche Situationen, Menschen oder Umstände eventuell bestimmte Muster auslösen, dann erlangen wir die Möglichkeit, den Kreislauf positiv zu beeinflussen. Wir kreieren einen Circle of Success: Denn positive Gedanken führen zu guten Gefühlen; diese führen zu powervollen Handlungen und nützlichen Gewohnheiten; und diese wiederum führen zu großartigen Ergebnissen. Yay!

Wenn vor dem Vorstellungsgespräch also der stressige Gedanke »Ich schaffe das sowieso nicht« auftaucht und du diesen schon öfter analysiert hast, dann kommst du jetzt vielleicht zu folgenden Überlegungen: »Immer wenn ich nervös bin, denke ich das. Das ist aber nicht wahr, denn ich habe schon eine ganze Menge in meinem Leben geschafft. In Gesprächen bin ich gut. Ich bin vorbereitet. Ich kann vieles schaffen. Ich kann auch schwere Dinge tun.« Diese Gedanken werden dich beruhigen. Du kannst dich an Situationen erinnern, in denen du schon schwere Dinge geschafft und getan hast. Das wird dann andere Gefühle auslösen, die hilfreicher sind und dich stärken. Du wirst ruhiger und selbstsicherer in das Gespräch gehen – und du wirst selbstbewusster aus dem Gespräch gehen. Und selbst wenn du die Stelle nicht bekommen solltest, kannst du erneut achtsam und bewusst deine Gedanken dahin gehend überprüfen.

Den Gedanken, etwas nicht zu schaffen, kennen wir vermutlich alle in der einen oder anderen Form. Mit der unserer Meinung nach effektivsten Selbstcoaching-Methode »The Work nach Byron Katie« kannst du stressigen Gedanken und begrenzenden Glaubenssätzen wie diesem die Macht über dich nehmen. The Work hilft dir dabei, dich auf einfache und geniale Weise von dem zu befreien, was du automatisch denkst. Ab Seite 87 beschreiben wir The Work genauer. Hier lernst du sie jetzt praktisch kennen.

Die meisten von uns denken hin und wieder in ihrem Leben: »Ich schaffe das nicht.« Das kann sich auf bestimmte Situationen beziehen, und der Gedanke tritt meist dann auf, wenn wir überfordert sind, sei es mit der Anzahl, der Vielfalt oder dem Anspruch der Aufgaben, die vor uns liegen. Kennst du diesen Gedanken? Dann mach gern die folgende Work mit.

Work: »Ich schaffe das nicht«

Finde einen ruhigen Ort, an dem du für die nächsten 20 Minuten ungestört bist. Nimm dir dein Journal und einen Stift.
Denke an eine konkrete Situation, in der du dich schon mal so richtig überfordert gefühlt hast, in der du das Gefühl hattest, du würdest es nicht schaffen. Es kann auch eine aktuelle Situation sein: Was genau glaubst du, nicht zu schaffen? Vielleicht glaubst du, nicht zu schaffen, was du dir für heute vorgenommen hast. Vielleicht glaubst du aber auch, dass du es nicht schaffen wirst, dein Wunschleben umzusetzen. Was auch immer es ist, notiere deine Situation in deinem Journal.
Jetzt kannst du den Gedanken »Ich schaffe das nicht« überprüfen. Beantworte dazu die folgenden Fragen schriftlich. Halte bei den Fragen inne – und bemerke die Antworten, die sich in dir zeigen. Es geht nicht darum, die Antworten zu überlegen, sondern darum, nach innen zu lauschen und sie zu bemerken. So kommst du in Kontakt mit der Weisheit in dir.

1. In meiner Situation: »Ich schaffe das nicht.« Ist das wahr?
2. In meiner Situation: »Ich schaffe das nicht.« Kann ich mit absoluter Sicherheit wissen, dass das wahr ist?
3. In meiner Situation: »Ich schaffe das nicht.« Wie reagiere ich, wenn ich diesen Gedanken glaube?
4. In meiner Situation: »Ich schaffe das nicht.« Wozu bin ich nicht in der Lage, wenn ich diesen Gedanken glaube?
5. In meiner Situation: »Ich schaffe das nicht.« Einfach mal angenommen, der Gedanke könnte gar nicht auftauchen: Wer wäre ich ohne diesen Gedanken?

Jetzt kehrst du den Satz in sein Gegenteil um. Aus »Ich schaffe das nicht« wird dann die Umkehrung:
»Ich schaffe das.«
Probiere diese Umkehrung einmal aus. Erlebe dich eine Zeit lang in deiner Situation mit dieser Umkehrung. Wie ist das für dich?
Finde dann Beispiele für diese Umkehrung. Warum könnte es auch sein, dass du es schaffst? Wie könntest du es schaffen? Notiere so viele Beispiele, wie du magst, mindestens drei. Erlaube dir, diese Beispiele wirklich zu spüren. Als kleine Hilfestellung sind hier ein paar Musterbeispiele für diese Umkehrung:

- Ich schaffe das, weil ich mir einen konkreten Plan gemacht habe und die Zeit realistisch geplant habe.
- Es könnte sein, dass ich es jetzt schaffe, weil ich merke, dass ich gerade wirklich was in meinem Leben ändern möchte und die Dinge als wesentlich ansehe, die mir helfen, freier und glücklicher zu leben.
- Ich schaffe das, weil ich motiviert bin und weil ich mir selbst wichtig bin.
- Ich schaffe das, weil ich den Gedanken »Ich schaffe das nicht« jetzt überprüft und erkannt habe, dass er gar nicht wahr sein muss. Das hilft mir dabei, genau das zu schaffen, was ich so gern schaffen möchte.

Frage dich zum Abschluss, was du aus dieser Übung mitnimmst. Notiere deine Antworten.

Herzlichen Glückwunsch! Du hast soeben deine allererste Work gemacht. Vermutlich ahnst du noch nicht so wirklich, wie sehr sich dadurch dein Leben zum Positiven verändern kann.

SCHRITT 2: HINTERFRAGE DEINE MOTIVATOREN

Wenn wir uns unserer selbst, unserer Gefühle, Gedanken, Erfahrungen und Überzeugungen bewusst sind, fällt es uns in einem zweiten Schritt leichter, unsere ganz persönlichen Motivatoren zu erkennen. Motivatoren sind unsere Antreiber. Sie bringen uns dazu, auch schwere Dinge tun zu wollen und Anstrengungen auf uns zu nehmen. Wenn wir gemäß unserer Motivatoren handeln, fühlt sich unser Leben stimmiger an. Wenn wir gegen unsere Motivatoren leben, haben wir weniger Antrieb.

Wenn dein Motivator beispielsweise Geld ist, wirst du es schwerer haben, in einem Job glücklich zu werden, in dem du dich schlecht bezahlt und dadurch ausgenutzt fühlst. Wenn es dein Antreiber ist, etwas Sinnvolles zu tun, und du keinen Sinn in deiner Arbeit oder in deinem Leben entdecken kannst, wird das zu einem Gefühl der Unzufriedenheit führen.

Du kannst durch einen einfachen Test herausfinden, was dich eher motiviert und was dich nicht motiviert. Das Ergebnis kannst du als Kompass für zukünftige Entscheidungen zu Hilfe nehmen; du kannst damit zudem leichter erkennen, warum du vielleicht im Augenblick nicht so glücklich bist, wie du es gerne wärst.

Übung: Erkenne deine Motivatoren

Nimm dir dein Journal zur Hand und etwa zehn Minuten Zeit. Im Onlinetraining zum Buch (s. Anhang) findest du das Trainingsvideo »Erkenne deine Motivatoren«, mit dem du den Test in Echtzeit machen kannst: www.unstoppable-buch.de

---

Es kann durchaus sein, dass wir in einigen Lebensbereichen bereits intuitiv gemäß unserer Motivatoren und Werte handeln. Gleichzeitig kann es sein, dass wir in einem oder in mehreren anderen Bereichen unglücklich sind und gern etwas ändern würden, aber gar nicht so recht ausmachen können, was uns stört, denn »objektiv betrachtet könnten wir doch eigentlich glücklich sein«. Das kann uns insbesondere dann verwirren, wenn wir beispielsweise lange auf einen bestimmten Beruf hingearbeitet haben und dann plötzlich feststellen, dass irgendetwas unstimmig ist.

Agatha erzählt

Nachdem ich die Schule beendet hatte, machte ich mir viele Gedanken zu meiner beruflichen Laufbahn. Ich erkannte, dass mir Sicherheit und Unabhängigkeit wichtig sind, weshalb ich beschloss, einen in meinen Augen für alle Zeit sicheren Job bei der Polizei anzustreben. Ich wollte damals irgendwo endgültig »ankommen« und die Sicherheit haben, niemals wieder über meinen Beruf nachdenken zu müssen. Gleichzeitig wollte ich ja aufgrund meiner Erfahrungen in der Kindheit auf keinen Fall einen selbstständigen Job und dachte, dass das absolute Gegenteil ein Beamtenjob sei. Ich war mir damals meiner Motivatoren nicht bewusst und handelte instinktiv. Während des Studiums war ich von meinen beiden Motivatoren so beflügelt wie noch nie zuvor: Ich war in eine sichere Beamtenlaufbahn gekommen und als Studentin konnte ich zudem meine Unabhängigkeit ausleben, da ich mir die Zeit zum Lernen einteilen konnte. Diese starke Energie, die durch das Leben meiner Motivatoren entstand, führte sogar dazu, dass ich das Studium als Siebtbeste im ganzen Bundesland abschloss – obwohl ich zu diesem Zeitpunkt bereits eine einjährige Tochter hatte und jeden Tag 150 Kilometer zur Universität und wieder zurück fuhr.

Dann wechselte ich in den aktiven Dienst und stellte schnell fest, dass ich dort zwar eine finanzielle Sicherheit hatte, aber keine körperliche oder mentale. Und die finanzielle Sicherheit bedeutete gleichzeitig, dass ich über eine gewisse finanzielle Schwelle niemals treten würde. Durch die starren Karrierestrukturen und Beamtengehälter war eine Karriere zwar möglich, aber doch begrenzt. Die finanzielle Sicherheit hatte sich hier in eine Einschränkung verwandelt. Die Arbeit empfand ich teilweise als belastend, ich habe an verschiedensten Tatorten viele tote Menschen gesehen. Ebenso kam es im Laufe der Zeit zu der einen oder anderen gefährlichen Situation. In jeder Hinsicht erfüllte sich mein Motivator Sicherheit plötzlich nicht mehr. Die Unabhängigkeit war im aktiven Dienst ebenfalls wie weggewischt, als ich plötzlich abhängig von den Entscheidungen anderer Menschen war.

Unbewusst hatte ich mir das Berufsleben wohl anders vorgestellt. Natürlich, objektiv betrachtet hatte ich bei der Berufswahl im Einklang mit meinen Motivatoren gehandelt, und ich habe mich dann im aktiven Dienst lange Zeit gefragt, was mit mir nicht stimmt: Ich hatte schließlich alles erreicht, worauf ich viele Jahre lang hingearbeitet hatte. Und dennoch war ich durch die vorgegebenen Hierarchien und dadurch, dass andere Menschen über meine Zeit und meine Karrierechancen bestimmen durften, unzufrieden.

Heute kann ich sagen: Ich weiß nicht mehr, wie, aber ich habe den Mut aufgebracht, meinen »sicheren« Job bei der Polizei zu kündigen und mich stattdessen mit meinem Herzensthema selbstständig zu machen – zum Glück. Ich definiere offensichtlich Sicherheit anders, als ich es damals unbewusst tat. Sicherheit ist für mich heute, ein starkes finanzielles Polster zu haben, das ich selbst beeinflussen kann. Unabhängigkeit bedeutet für mich, jederzeit und täglich frei über meine eigene Lebenszeit bestimmen zu können und beruflich unabhängig von Orten oder Menschen zu sein. In meiner Selbstständigkeit kann ich beides vollkommen ausleben – und ich kann gleichzeitig zuverlässig sein. Denn natürlich war es Quatsch, dass alle Selbstständigen unzuverlässig sein müssen.

Mit unseren Motivatoren als Wegweiser an der Seite können wir uns im nächsten Schritt fragen, wer wir in der Zukunft sein wollen; das birgt noch einmal ganz neue Ansätze, wie wir unser Leben gestalten können.

SCHRITT 3: HANDLE GEMÄSS DEINER WUNSCHIDENTITÄT IN DER ZUKUNFT

Vielleicht hast du mit den ersten beiden Schritten bereits neue Erkenntnisse über dich gewonnen. Damit du ein klares Bild von dir, deinen Wünschen und deiner Lebensvision bekommst, solltest du *immer wieder* und regelmäßig bei dir selbst einchecken und dich fragen:

Ist es das, was du wirklich willst? Fühlst du dich dabei gut? Wenn nicht, woher kommt das?

Lass uns jetzt zusätzlich noch eine kleine Zeitreise in die Zukunft machen. Beantworte dafür zunächst die Fragen:

Wie willst du in der Zukunft sein?
Welche drei Wörter beschreiben dein zukünftiges Ich?

Das Ziel dieser Fragen ist es, ein konkretes Bild deiner Wunschidentität zu kreieren, um heute schon dein Traumleben zu leben. Das Bild, das du von deiner Zukunft und deinem zukünftigen Ich hast, beeinflusst nämlich dein heutiges Leben. Es kann dir Impulse für deine heutigen Handlungen geben. Wenn du kein klares oder sogar ein negatives Bild von dir in der Zukunft hast, ist es schwieriger, das heutige Leben positiv auszurichten. Mit der folgenden Übung kannst du das Bild deiner optimalen Wunschidentität zeichnen.

Übung: Verbinde dich mit deinem zukünftigen Ich

Nimm dir dein Journal zur Hand und schreibe als Überschrift: »Meine Zukunftsvision von mir selbst«. Stell dir vor, du bist bereits glücklich. Stell dir vor, es gibt keine Grenzen und du kannst genau das erreichen, was du willst. Stell dir vor, es kann nichts, absolut gar nichts schiefgehen auf deinem Wunschweg.

Schließe nun deine Augen, atme ein paarmal tief ein und aus und reise gedanklich in deine Zukunft – es können zehn Jahre sein oder auch zwanzig, die Entscheidung liegt ganz allein bei dir. Meist entscheidet dein Unterbewusstsein spontan, welches zukünftige Ich dir in diesem Moment von größtem Nutzen sein kann, und bringt dich genau dahin. Nimm also einfach das an, was sich vor deinem inneren Auge zeigt. Betrachte dein zukünftiges glückliches Ich. Stelle dir deinen Alltag vor. Wo bist du? Wer ist bei dir? Wie sieht deine Umgebung aus? Wie fühlst du dich? Warum bist du so glücklich? Gehe anschließend die fünf Ebenen für deine Wunschidentität durch und beantworte dazu die folgenden Fragen.

Ebene 1 – Besitz: Was gehört dir oder was hast du (Hunde, Häuser, Handtaschen …)?

Ebene 2 – Gefühle: Wie fühlt sich dein zukünftiges Ich? Picke dir hier ein bis drei Kerngefühle heraus.

Ebene 3 – Fähigkeiten: Was kann dein zukünftiges Ich besonders gut? Wähle auch hier ein bis drei Fähigkeiten, beispielsweise selbstbewusst sprechen, eine bestimmte Sportart oder Singen.
Ebene 4 – Handlungen: Was tut dein zukünftiges Ich? Was tut es nicht mehr?
Ebene 5 – Vermächtnis: Was wird dein zukünftiges Ich der Welt hinterlassen? Wie wird man sich an dein zukünftiges Ich erinnern? »Die Welt« kann bei dieser Frage auch einfach deine Familie oder deine Freunde sein.

Kannst du dir dich selbst in der Zukunft vorstellen? Dieses Bild kann wie ein Kompass funktionieren, wenn du lernst, daran zu glauben, dass diese Zukunft für dich möglich ist. Ausgehend von dir selbst in deiner Zukunft kannst du auch heute schon so sein, wie du später einmal sein möchtest.

> Wenn wir lernen, so zu handeln, wie unserer Meinung nach unser zukünftiges Wunsch-Ich handeln würde, dann können wir nicht anders, als in dieses Wunsch-Ich hineinzuwachsen.

Wie das geht? Halte in einer Alltagssituation kurz inne und stell dir vor, wie sich dein zukünftiges Ich fühlen möchte und was es tun würde. Wenn dein zukünftiges Wunsch-Ich beispielsweise eine einflussreiche Menschenrechtsaktivistin ist, die ausgezeichnet argumentieren kann und statt Kindern zwei kleine Hunde hat, die überall mit ihr hinfliegen, dann kannst du dich jeden Morgen fragen, wie so eine Aktivistin heute ihr Leben leben, was sie lernen, was sie tun und was sie lassen würde. Wenn du dich in diese Person hineinfühlst, dann wird sie dir helfen,

schon heute dein Wunschleben zu leben. In alltäglichen Situationen kannst du anfangen, so zu reagieren, wie du glaubst, dass dein zukünftiges Ich reagieren würde. Du kannst argumentieren lernen oder das Streiten bei unwichtigen Themen unterlassen. Du kannst dich aufrichten, klarer sprechen, dich von der Wichtigkeit deiner Lebensaufgabe durchfluten und tragen lassen.
Wenn dein zukünftiges Wunsch-Ich ein Haus im Grünen, zwei Kinder und einen Teilzeitjob als Grundschullehrerin hat, dann kann auch diese wunderbare Mama und Lehrerin dir jetzt schon Impulse geben, wie du dein heutiges Leben gestalten kannst. Du kannst neben dem Studium als Nachhilfelehrerin jobben, du kannst dich mit gewaltfreier Kommunikation beschäftigen und einen Bausparplan für dein Haus im Grünen einrichten. Indem du deine Vision mit allen Sinnen erfasst, wirst du dich ganz automatisch immer stärker an deinem Wunschleben ausrichten.
Und wenn du alles willst? Das Haus, den Garten, die Kinder und die Karriere? Dann darf auch dieses zukünftige Wunsch-Ich in die Gegenwart übertragen werden, und du darfst schon heute dieses Leben leben. Versuche also, entsprechende Erlebnisse und Erfahrungen in deinen Alltag einzubauen. Je öfter du Dinge tust, die dich so fühlen lassen, wie deine Wunschidentität sich deiner Meinung nach fühlen wird, desto eher wirst du in dein Zukunfts-Ich hineinwachsen. Aus deinen Handlungen heute werden nämlich Gewohnheiten, und deine Gewohnheiten sind es, die deine Identität prägen werden.

NIMM DICH SO AN, WIE DU BIST

Schon Buddha wusste angeblich: »Du selbst, genauso wie jeder andere im ganzen Universum, verdienst deine Liebe und Zuneigung.« Was den meisten in der Theorie sicher bekannt ist, nämlich dass die Liebe zu uns selbst maßgeblich unsere Gesundheit, unser Glücksempfinden und unsere Zufriedenheit beeinflusst, ist in der Praxis oftmals gar nicht so leicht umzusetzen.

Wenn in diesem Buch von Selbstliebe die Rede ist, taucht vielleicht als Erstes die Frage auf: Brauchen wir wirklich Selbst*liebe*? Ist das nicht ein ganz schön großes Wort? Enorm anspruchsvoll und damit fast schon unerreichbar? Wir alle und insbesondere Frauen sind häufig dazu erzogen worden, nicht anzugeben, uns nicht selbst zu loben und kritisch uns selbst gegenüber zu sein. Mit ziemlich großer Sicherheit haben wir alle in unserem Leben schon einmal die Erfahrung gemacht, dass uns jemand sagt, wir wären zu laut, zu leise, zu dick, zu dünn, zu schüchtern, zu extrovertiert, zu selbstbewusst, zu ruhig, zu irgendwas. Wenn wir diese Dinge über uns selbst auch denken und sie glauben, dann ist Selbstliebe doch schon fast ausgeschlossen, oder?

Selbstliebe ist oft genau deshalb unerreichbar, weil wir von klein auf kritische Stimmen und negative Gedanken über uns im Kopf haben. Wenn du also noch keine Selbstliebe spürst, ist mit dir trotzdem alles in Ordnung. Du bist trotzdem vollständig okay so, wie du bist, auch wenn du dich (noch) nicht liebst. Es gelingt nämlich sehr wenigen Menschen, sich uneingeschränkt selbst zu lieben.

Die Unstoppable-Devise lautet daher:
Man darf durchaus auch kleiner anfangen.
Man muss sich nicht selbst *lieben*,
um glücklich zu sein.

Selbstliebe darf sich im Laufe des Lebens entwickeln. Es reicht zunächst, sich mit sich selbst zu beschäftigen und eine Art verständnisvollen Umgang mit sich selbst zu beginnen. Es reicht, wenn man nach und nach lernt, sich selbst anzunehmen, nachsichtiger mit sich selbst zu werden und festzustellen, dass die Gedanken, die auftauchen, von unserem Verstand gut gemeint sind. Dass sie für uns sind und nicht gegen uns. Auch wenn das manchmal nicht so wirkt. Der Verstand ist nämlich eigentlich echt ein nettes Wesen, das es gut mit uns meint, oft aber total danebenliegt. Das zu verstehen, kann ein echter Gamechanger sein.

MINDSET-SHIFT 1: YOUR MIND IS NOT YOUR FEIND

Der Mensch hat im Wesentlichen zwei Motivationen, um aktiv zu werden: Einerseits möchte er Freude erfahren, und andererseits möchte er Schmerz vermeiden. Wenn wir beispielsweise versuchen, Schmerz zu vermeiden, versucht unser Verstand, uns mit allen ihm zur Verfügung stehenden Mitteln dabei zu helfen. Nicht immer sind diese Mechanismen nützlich für uns. Wenn wir beispielsweise Angst vor dem Scheitern haben, werden Mechanismen in Gang gesetzt, die uns davon abhalten könnten, es überhaupt erst zu versuchen. Denn wenn wir es nicht versuchen, dann können wir nicht scheitern, richtig? Wenn wir es gar nicht erst angehen, kann uns keiner kritisieren, auslachen oder schlecht über uns denken.

Die Absicht unseres Verstandes ist gut.
Das Ergebnis aber ist fragwürdig.

Selbst bei den schlimmsten Gedanken über uns selbst versucht der Verstand, uns zu schützen oder uns vor Enttäuschungen zu bewahren. Im Alltag erkennst du es vielleicht an solchen oder ähnlichen Situationen: Wenn wir etwas tun wollen, was wir vorher noch nie getan haben und von dem wir nicht wissen, ob es gut oder schlecht für uns ausgeht, ist das eine unsichere Situation. Das mag unser Verstand nicht. Und so entstehen vielleicht Gedanken wie: »Was ist, wenn ich mich blamiere? Werde ich dann noch gemocht? Gehöre ich dann noch dazu?« Und wenn unsere Antworten darauf unsicher sind und wir anfangen, einen negativen Ausgang zu befürchten, dann liefert der Verstand zusammen mit den zermürbenden Fragen praktischerweise gleich eine passende Antwort mit: »Ach, das schaffst du sowieso nicht, du brauchst es gar nicht erst zu versuchen. Du bist eh zu dumm dafür.«

Unser Verstand macht das nicht, weil er Spaß daran hat, uns zu beleidigen, sondern damit wir nicht zu viel erwarten. Damit wir nicht enttäuscht sind, wenn es tatsächlich nicht funktioniert. Und damit wir einfach schon darauf vorbereitet sind, wenn uns die nächste Herausforderung ebenfalls nicht gelingt. Merkst du also, wie eine gute Absicht hinter diesen Gedanken steckt? Dass darauf negative Gefühle folgen und ein Kreislauf an Negativität in Gang gesetzt werden kann, weiß unser Verstand nicht. Er möchte uns nur helfen. Unsere Aufgabe ist es nun, diese Gedanken als das zu sehen, was sie sind: Schutzmechanismen und gut gemeinte Ideen. Es ist an uns, wie wir darauf reagieren. Wir könnten unserem Verstand entgegnen: »Danke, dass du mich beschützen willst, lieber Verstand, aber ich mach es jetzt einfach trotzdem. Und wenn es nicht klappt, versuche ich es wieder.« Bevor wir uns also selbst für all das lieben, was wir tun und wer wir sind, reicht es auch erst einmal, wenn wir uns selbst gegenüber nicht mehr so streng sind.

MINDSET-SHIFT 2: NIEMAND SPRICHT SO MIT DIR, WIE DU ES TUST

Ein Aspekt von Selbstliebe ist die Selbstachtung. Gerade wenn man nicht so richtig zufrieden ist mit sich und den Ergebnissen, die man im Leben erzielt, oder wenn man sein Leben als nicht wirklich erfüllt empfindet, neigt man dazu, in Gedanken streng mit sich selbst zu sein. Wie ist es bei dir? Wie gehst du mit dir selbst um? Feuerst du dich gedanklich an und sprichst wertschätzend mit dir selbst? Oder bist du vielmehr streng zu dir, kritisierst dich und hast abfällige und abwertende Gedanken über dich selbst? Kennst du Gedanken wie: »Du schaffst echt gar nichts. Du kriegst nichts auf die Reihe. Du bist zu dumm (oder alternativ: zu dick, zu falsch, zu laut, zu schüchtern, zu leise, zu dünn, zu hässlich etc.).« Auch hier: Mit dir ist alles in Ordnung. Jeder Mensch hat Gedanken wie diese. Den Unterschied macht, ob wir diesen Gedanken glauben – oder nicht. Lass uns mit der folgenden Übung einmal einen genaueren Blick darauf werfen, wie du innerlich mit dir sprichst.

Übung: Wirf einen Blick in dein Inneres

Nimm dir für diese Übung wieder dein Journal zur Hand. Schreibe nun alle Gedanken über dich auf, wenn du so richtig streng mit dir bist. Krame in deiner Erinnerung die gemeinsten Sachen hervor, die du dir selbst je gedanklich an den Kopf geworfen hast. Wenn du es nicht gewohnt bist, die Gedanken über dich bewusst wahrzunehmen und auch zu notieren, kann das Ergebnis dieser Übung erschütternd sein. Gleichzeitig ist diese Übung wichtig, da sie uns wirklich greifbar vor Augen führt, wie wir mit uns sprechen. Schreib also alle Gedanken auf, denn du denkst sie ja sowieso.

Wie hat es sich angefühlt, als du deine gemeinsten Gedanken vollkommen ungefiltert aufs Papier gebracht hast? Wahrscheinlich nicht so gut. Und jetzt überlege einmal:

> Gibt es auch nur einen Menschen
> auf der Welt, der so mit dir spricht,
> wie du selbst über dich denkst?

Vermutlich nicht. Niemand ist so gemein zu uns, weder unsere ärgste Feindin und vor allem nicht die Menschen, mit denen wir gern unsere Zeit verbringen. Und selbst wenn du Eltern oder Freundinnen hattest, die dich so abgewertet haben: Möchtest du das Spiel fortsetzen? Oder möchtest du Schritt für Schritt lernen, wie du liebevoller mit dir umgehen kannst?

Machen wir ein kleines Gedankenexperiment. Stell dir vor, deine beste Freundin sagt dir jeden Tag: »Herrje, bist du wieder fett geworden! Du bist auch echt faul. Du schaffst das eh nicht. Du bist einfach zu dumm. Und zu laut. Wie kann man nur so dämlich sein? Du bist so hässlich. Wie kann man nur so aussehen? Und wie peinlich kann man sich eigentlich verhalten?« Kannst du dir vorstellen, dass du es in irgendeiner Realität tolerieren würdest, dass jemand so mit dir spricht? Nein, wahrscheinlich würdest du das nicht – und vermutlich würde das in der echten Welt auch nicht passieren. Denn wir selbst sind in den meisten Fällen unsere allerstrengsten Kritiker. Genauso wenig würdest du so, wie du mit dir sprichst, mit jemand anderem reden. Und der Clou? Anderen Menschen, insbesondere denen, die wir schätzen oder lieben, treten wir freundlich, nachsichtig und aufmunternd gegenüber – uns selbst dagegen quälen wir oft mit den schlimmsten Worten.

Die gute Nachricht: Du kannst nichts dafür. Wie gesagt haben wir alle mal negative Gedanken. Wir alle kämpfen mit der inneren Stimme. Wir alle sind hin und wieder gemein zu uns selbst. Und wir alle wissen das nun und dürfen von jetzt an täglich darauf achten, achtsamer und netter zu uns sein.

MINDSET-SHIFT 3: EINE SCHWÄCHE KANN AUCH EINE SUPERKRAFT SEIN

Wir haben meistens eine ungefähre Vorstellung davon, was wir gut können und was nicht. Wir wissen zum Beispiel, dass wir schnell laufen und langsam schwimmen. Wir wissen, dass wir grandios kochen und miserabel backen. Und wir wissen, dass wir gut längs und schlecht quer einparken. Oder umgekehrt.

Seltsamerweise fällt es uns aber schwer, einige unserer prägnantesten Persönlichkeitsmerkmale als Stärken zu erkennen. Stattdessen kehren wir sie als unsere Schwächen heraus und lassen nichts und niemandem an diesem von uns errichteten Bild rütteln. Dabei würden wir manchmal ein ganz anderes Bild von uns zeichnen, wenn wir einfach mal einen halben Meter von der Leinwand wegtreten würden.

Natürlich haben wir Schattenseiten. Manche unserer Verhaltensweisen bezeichnen wir als unsere Schwächen. Und das sind sie ja auch. Schwächen. Wenn jemand auf Provokation etwa immer mit einem verbalen Gegenangriff reagiert, ist das sicherlich nicht die beste Reaktion. Doch auch in unseren Schattenseiten verbergen sich manchmal echte Stärkenschätze. Wenn man diese in einem anderen Kontext und positiv einsetzen würde, dann hätte man eine Superkraft.

Bleiben wir bei dem verbalen Gegenangriff, mit dem eine Person ihr Gegenüber manchmal durchaus schwer verletzt – ein an sich schädliches Verhalten. Das Gute daran ist: Diese Person weiß offensichtlich, wo die genauen Schwachpunkte von Menschen sind – und hat umgekehrt sicher einen ebenso guten Blick für die Stärken anderer Personen. Sie ist schlagfertig. Sie kann ihre Stimme laut einsetzen. Sie kann gut argumentieren und anderen den Wind aus den Segeln nehmen. Klar, im täglichen Miteinander kann das durchaus anstrengend sein, wenn man das Gefühl hat, niemals eine Diskussion mit dieser Person gewinnen zu können. Doch stell dir einmal vor, wie diese Person vor Gericht für ihre Klientinnen als Anwältin kämpft. Da sind genau diese Eigenschaften von Vorteil.

Das Ganze lässt sich auf so viele Eigenschaften übertragen. Angenommen, du fängst während eines Streits an zu weinen, weil dir jemand die Worte im Mund umdreht hat und du dich unendlich hilflos fühlst. Die Stärke darin: Du bist offensichtlich sensibel, was zwischenmenschliche Konflikte angeht. Du hast ein gutes Gespür für Ungerechtigkeit. Du sortierst die Dinge erst einmal innerlich, bevor du sprichst. Wenn du dich als zu schüchtern in Gruppen empfindest, dann lässt du anderen Menschen vermutlich auch mehr Raum und Redezeit. Wenn du ängstlich bist, kannst du vielleicht Sachverhalte gut durchdenken und kommst auf mehr Möglichkeiten, wie etwas ausgehen könnte, als andere Menschen.

Agatha erzählt

Ich bin eine absolute »Schnackerin«. Ich konnte schon immer endlos reden und schwafeln. In der Abizeitung kam ich mit diesem »Talent« auf den ersten Platz der Schnackerinnen und Schnacker. Ich weiß, dass ich meine Umwelt damit oft genervt habe – und es wahrscheinlich heute auch noch manchmal tue. Am Ende habe ich trotzdem meist das bekommen, was ich wollte. So habe ich auch meine Superkraft entdeckt: Ich habe offensichtlich eine natürliche Begabung für das freie Reden und Begeistern. Ich kann argumentieren, mit der Sprache mitreißen und begeistern, und mir hören Menschen (meistens) gern zu. Mir fällt es leicht, zu assoziieren und Gedanken direkt in Sprache umzusetzen und sinnvoll zu strukturieren. Natürlich habe ich dennoch geübt, schneller zum Punkt zu kommen und Diskussionen auch mal gut sein zu lassen. Ich habe freies Reden trainiert und mir bestimmte Motivationstechniken angeeignet. Aber ich weiß jetzt auch, dass meine Superkräfte im »Schwafeln« freies Reden und Begeistern sind.

Oft erkennen wir unsere Superkräfte nicht, weil wir sie in unserem Verhalten schädigend einsetzen. Das heißt nicht, dass wir uns damit abfinden müssen. Mehr noch: Verhalten, schädigend eingesetzt, sollte weder ignoriert noch verharmlost werden. Wir können trainieren, in Schwächen unsere Stärken zu finden und unser Verhalten in Zukunft hilfreich zu steuern. Denn jede Medaille hat zwei Seiten. Und so verbirgt sich hinter jeder unserer Schwächen oft genug eine Eigenschaft, die in anderen Kontexten unsere Superkraft sein könnte. Also: Auch im Schatten ist Licht zu finden. Wollen wir uns auf die Suche machen?

Übung: Verwandle deine Schwäche in deine Superkraft

Überlege dir, was du für deine Schwächen hältst. Reflektiere hier einerseits deine Eigenschaften, aber auch dein Verhalten. Wo findest du schädigendes Verhalten? Frage auch gern Menschen, die dich kennen, etwa eine Person aus dem beruflichen Kontext, eine Freundin oder einen Freund und ein Familienmitglied.

Picke dir nun die Schwäche heraus, die dich am meisten an dir stört. Schnapp dir dein Journal und komme mithilfe der folgenden Fragen deiner Superkraft auf die Spur:

- Was könnte deine Schwäche positiv gesehen auch bedeuten?
- Was kannst, siehst oder machst du genau durch die Schwäche besser als andere?
- In welchen Situationen könnte diese Eigenschaft nützlich für dich und andere sein?
- Welche Stärke könnte dahinter verborgen sein?
- Hat dir diese Eigenschaft schon genützt? (Wenn du zum Beispiel verbal aggressiv bist, bekommst du vielleicht öfter das, was du willst. Wenn du sehr still bist, bemerkst du vielleicht manchmal Dinge, die andere nicht bemerken würden.)

MINDSET-SHIFT 4: AUS SELBSTVERTRAUEN ERWÄCHST SELBSTLIEBE

Kommen wir zum zweiten Aspekt von Selbstliebe: dem Selbstvertrauen. Selbstvertrauen kann betrachtet werden als eine Mischung aus sich selbst etwas zutrauen und sich selbst vertrauen. Die erste Komponente, sich selbst etwas zuzutrauen, bedeutet, den Mut zu entwickeln, die eigene Wahrheit zu leben. Es ist eine logische Folge davon, wenn wir uns unserer selbst bewusst werden. Gleichzeitig wirst du in Säule 3 noch Wege kennenlernen, wie du den Mut entwickeln kannst, einerseits weniger von den Dingen zu tun, die du nicht tun willst, und andererseits mehr von den Dingen zu tun, die du tun willst, vor denen du jedoch vielleicht noch Angst hast.

Die zweite Komponente von Selbstvertrauen ist, sich selbst zu vertrauen. Eigentlich logisch, denn zwischenmenschlich ist es ja genauso: Wir können uns nur dann von anderen Menschen geliebt fühlen, wenn wir ihnen vertrauen. Nehmen wir einmal an, du lebst mit einem Menschen zusammen, der dir jeden Tag sagt, er käme um 17 Uhr nach Hause. Er kommt allerdings nie um 17 Uhr nach Hause, sondern einmal um 19 Uhr, dann wieder um 21 Uhr und mal um 3 Uhr nachts. Würdest du ihm vertrauen, wenn er dir heute erneut sagt: »Heute komme ich um 17 Uhr nach Hause«? Vermutlich nicht.

Auf Dauer kann so eine Beziehung problematisch werden, und es kann sein, dass wir mit so einem Menschen nicht weiter zusammenleben wollen. Selbst wenn wir diesen Menschen lieben, bauen wir üblicherweise Beziehungen auf Vertrauen auf.

> Die Frage aller Fragen ist: Würden wir uns von einer Person geliebt fühlen, die uns anlügt, ihre Versprechen nicht hält und unzuverlässig ist? Der wir also nicht vertrauen können?

Höchstwahrscheinlich ist das kaum möglich. Während wir uns allerdings von anderen Personen lösen können, wenn sie unzuverlässig sind oder unser Vertrauen enttäuschen, so können wir uns niemals von uns selbst trennen, auch wenn wir uns selbst gegenüber nicht vertrauenswürdig sind. Dabei tun wir oft genau das: Wir führen mit uns selbst genau diese unzuverlässige und wenig vertrauenswürdige Beziehung. Wir nehmen uns beispielsweise vor, abends Sport zu machen, nett zu uns zu sein oder uns besser zu ernähren – vielleicht kreieren wir direkt morgens eine vollkommen überladene To-do-Liste mit zig Punkten, die wir an diesem Tag erledigen wollen. Und in so, so vielen Fällen halten wir das dann nicht ein. Wenn das wieder und wieder geschieht, kann das ganz schnell dazu führen, dass wir aufhören, uns selbst zu vertrauen. Und jetzt ist die Frage: Wie sollst du dich selbst lieben, wenn du die Versprechen dir selbst gegenüber nicht hältst?

Du solltest beginnen, Versprechen, die du dir selbst gegenüber gibst, auch einzuhalten. Gleichzeitig musst du nicht jeden gut gemeinten Vorschlag deines Verstandes, was du heute alles Tolles tun solltest und müsstest, direkt annehmen. Nehmen wir mal an, dein Verstand schlägt dir vor: »Heute Abend machst du Sport.« Statt ihm nun direkt zuzustimmen und dir selbst zu versprechen: »Gut, heute Abend mache ich Sport«, kannst du kurz innehalten und mit dem Verstand in den Dialog treten. Du könntest sagen: »Okay, ich schaue mal auf meine To-do-Liste, ob ich heute Sport machen kann.« Dann überlegst du, ob es realistisch ist und ob du den Sport an diesem Tag auch wirklich machen möchtest. Und erst dann nimmst du den Vorschlag des Verstandes an oder lehnst ihn ab. Du kannst deinem Verstand antworten: »Weißt du was? Heute bekomme ich Sport nicht unter. Das schaff ich nicht. Das weiß ich jetzt schon.« Oder du sagst: »Das ist ein guter Vorschlag. Das schaff ich heute.« Und dann packst du deine Sportsachen und machst Sport.

Diese Technik, die Vorschläge des Verstandes nicht ungefiltert anzunehmen, sondern erst einmal darüber nachzudenken und dann eine fundierte Entscheidung zu treffen, kann dabei helfen, dein Vertrauen dir selbst gegenüber wieder aufzubauen. Weil du plötzlich hältst, was du dir selbst versprochen hast. In der Folge wirst du in die Identität eines zuverlässigen Menschen hineinwachsen, der sich selbst gegenüber Versprechen hält, sich ernst nimmt und fundierte Entscheidungen trifft. Darauf wirst du vermutlich stolz sein und statt zu denken: »Ich hab's wieder nicht geschafft. Ich bekomme auch nichts gebacken«, wirst du dir viel öfter selbst auf die Schulter klopfen und sagen: »Yay, I did it!« Zum Abschluss für dieses Kapitel erwartet dich noch eine wundervolle Übung. Bitte blättere nicht um und lies nicht weiter, bevor du die Schritte 1 bis 3 der folgenden Übung gemacht hast.

Übung: Kreiere deine perfekte beste Freundin

1. Stell dir eine perfekte beste Freundin vor. Wähle hier bewusst keinen realen Menschen, sondern stell dir eine imaginäre beste Freundin oder den optimalen Partner oder die optimale Partnerin vor.
   Nimm dir nun dein Journal zur Hand und schreibe auf:
   Wie ist diese perfekte Person zu dir? Finde mindestens zehn Punkte. Sei so konkret wie möglich.
   Das kann zum Beispiel sein: »*Sie ist geduldig mit meinen Schwächen. Sie lacht auch über meine dummen Witze. Sie versteht, dass ich manchmal vielleicht weniger Kraft habe. Dann spricht sie geduldig mit mir. Sie spricht mir Mut zu, wenn mir etwas nicht gelingt. Sie ermutigt mich, über meinen Schatten zu springen und Dinge zu tun, die außerhalb meines Komfortbereichs liegen usw.*« Schreibe wirklich mindestens zehn Punkte auf.
2. Markiere einen Punkt, den du in diesem Moment besonders schön finden würdest.

Wichtig: Lies erst dann weiter, wenn du mindestens zehn Punkte gefunden hast.

3. Setze diesen einen Punkt dir selbst gegenüber um. Manchmal geht das sofort, manchmal erst in einer späteren Situation. Wenn dein markierter Punkt beispielsweise war: »Meine beste Freundin würde mir Mut zusprechen, wenn mir etwas nicht gelingt«, dann sprich dir öfter Mut zu, denn offensichtlich ist es genau das, was du brauchst.

Denke daran: Du bist die einzige Person, mit der du dein ganzes Leben verbringst. Lerne, wie du dir selbst gegenüber genau der Mensch sein kannst, mit dem du am liebsten Zeit verbringen würdest. Und dann beginnt ein Wunder zu geschehen: Wenn du dich besser verstehst, gutmütig und nachsichtig mit dir umgehst und gleichzeitig dir selbst gegenüber verbindlich und vertrauenswürdig bist, dann werden auch die anderen wertschätzender mit dir umgehen. Das verbessert all deine Beziehungen auf erstaunliche Art und Weise. Außerdem brauchst du dann niemand anderes mehr, um dich wertvoll zu fühlen.

ÖFFNE DICH FÜR DIE LIEBE

Weißt du noch, wie es sich angefühlt hat, wenn du als Kind nach einem langen Wintertag nach Hause gekommen bist und deine Hausschuhe bereits gewärmt auf der Heizung auf dich gewartet haben? Auf dem Tisch stand vielleicht ein warmer Kakao, und die Fernbedienung lag auch schon bereit, damit du deine Lieblingsserie schauen konntest. Oder wie du mit einer schlechten Note in der Klassenarbeit heimkamst und deine Eltern nicht schimpften, sondern dich trösteten, weil sie sahen, wie schwer es dir ohnehin schon fiel? Oder wie deine Oma sonntags dein Lieblingsgericht gekocht hat – und bis heute schmeckt es nirgends so gut wie bei ihr an diesen Sonntagen in deiner Kindheit. Wenn wir klein sind, wird in den meisten Fällen für uns gesorgt. Vielleicht hattest du Freunde, die dir zugehört haben. Eine beste Freundin, die dich umarmt hat, wenn es dir nicht gut ging. Eine Nachbarin, die dir manchmal heimlich ein Stückchen Schokolade zugesteckt hat. Gesten wie diese verknüpfen wir mit Liebe und Sympathie. Wir fühlen uns geliebt, wenn sich andere Menschen um uns kümmern. Was wir als Erwachsene oft vergessen, ist, dass auch wir diese Menschen für uns sein können. Natürlich haben wir gelernt, für uns selbst zu sorgen. Wir haben gelernt, uns Essen zu kochen, unsere Wäsche zu waschen und einkaufen zu gehen. Kurzum: Wir haben gelernt, ganz praktisch für uns zu sorgen.

Was wir unterwegs jedoch häufig verlernt haben, ist, uns emotional und mental um uns zu kümmern. Wir wissen nicht mehr, wie wir liebevoll mit uns selbst umgehen und uns selbst das geben können, wofür früher andere Menschen zuständig waren, wenn wir das Glück hatten, in einem liebevollen Umfeld aufgewachsen zu sein.

Die gute Nachricht ist, dass wir keine anderen Menschen brauchen, um liebevoll zu uns zu sein. Wir können das selbst lernen und umsetzen und uns so signalisieren, dass wir die Zeit und Mühe wert sind, die wir in uns investieren. Wir können uns zeigen, dass wir uns mögen und dass wir es wert sind, geliebt zu werden. Wir können uns selbst sonntags unser Lieblingsgericht kochen und uns dann zum Essen eine Kerze anzünden. Wir können ein heißes Bad nehmen und anschließend unseren Körper liebevoll eincremen. Wir können uns die Zeit nehmen, uns zu stylen oder unsere Gedanken aufzuschreiben.

Was hat dir früher gezeigt, dass du geliebt wurdest? Auf welche Weise haben sich andere Menschen liebevoll um dich gekümmert?

Vielleicht helfen dir diese Erinnerungen dabei, einen Plan zu entwickeln, wie du dir selbst zeigen kannst, dass du liebenswert bist.

DIE WELT IST EINE REFLEXION UNSERER GEDANKEN

Sicher bist du auch schon mal über den Satz gestolpert: »Man kann nur geliebt werden, wenn man sich selbst liebt.« Sei ganz beruhigt: Das ist nicht so. Man kann durchaus geliebt werden, auch wenn man sich selbst nicht mag oder liebt. Man sieht diese Liebe dann nur nicht so klar.

Ralf erzählt

Es gab eine lange Phase in meinem Leben, in der ich mich nicht liebenswert gefühlt habe. Ich fand einige meiner Verhaltensweisen ziemlich seltsam und fühlte mich einfach nicht gut genug, so wie ich war. Wenn sich dann doch einmal ein Mädchen oder später eine Frau in mich verliebte, traute ich dem nicht. Ich dachte dann Dinge wie: »Sie kennt mich einfach noch nicht lange genug. Sie wird sich das schon noch anders überlegen.« Oder: »Irgendwie muss die echt schräg sein, wenn sie so einen schrägen Typen wie mich liebt. Mit ihr ist bestimmt irgendwas nicht in Ordnung.« Oder auch: »Wahrscheinlich spielt sie mir ihre Liebe vor, weil sie irgendetwas von mir will, was ich noch nicht so recht durchschaue.« Ich ging einfach davon aus, dass ich dem nicht vertrauen könne.
Ich konnte nicht wirklich nachvollziehen, dass jemand mich lieben konnte, da ich es selbst nicht tat. Das änderte sich erst, als ich mit 31 Jahren The Work kennengelernt habe. Dadurch erkannte ich, dass ich eigentlich doch ganz okay bin und dass es durchaus Menschen geben konnte, die mich liebten. Und ich begann immer mehr, mich selbst so zu lieben, wie ich war. Das war der Anfang eines Lebens mit immer mehr Freude – und Liebe.

Die Welt, wie wir sie sehen, ist ein Spiegelbild unserer Gedanken und unserer Bewertung dieser Gedanken. Und unser Verstand sucht nach Beispielen dafür, inwiefern wir recht haben mit dem, was wir glauben. Wenn wir also denken, dass wir nicht liebenswert sind, dann wird uns unser Verstand recht geben wollen und in unserer Welt nach Beweisen für den Wahrheitsgehalt dieses Gedankens suchen. Wenn du beispielsweise in einer Beziehung Angst hast, dass dein Partner oder deine Partnerin dich für eine andere Person verlässt, wirst du viel mehr darauf achten, wie er oder sie mit anderen Menschen spricht und dabei vielleicht etwas »zu freundlich« zu anderen ist. Dein Verstand wird solche Situationen mit Hingabe für dich finden. Er wird seine größte Lupe hervorholen, damit du auch ja die Beweise siehst, die er dir da zeigen möchte. Und natürlich bestärkt dich das dann darin, dass du ganz bestimmt für eine andere Person verlassen wirst. Immer und immer wieder. Es bestärkt dich darin, dich zurückgewiesen, abgelehnt, minderwertig und ungeliebt zu fühlen, wenn du nicht die Liebe zu bekommen scheinst, die du von jemandem haben möchtest. So ziehst du genau das in dein Leben, was du am meisten fürchtest. Schauen wir uns das einmal etwas detaillierter mit einer Work an.

Work: »Ich will, dass er/sie mich liebt«

Finde einen ruhigen Ort, an dem du für die nächsten 30 Minuten ungestört bist. Nimm dir dein Journal, um dir während der Work Notizen zu machen. Bist du bereit? Erinnere dich an eine Situation, in der du jemanden geliebt hast – und diese Person deine Liebe nicht erwidert hat. Vielleicht warst du in jemanden verliebt, und die andere Person war nicht in dich verliebt oder hat dich verlassen. Vielleicht waren auch deine Mutter oder dein Vater in einer bestimmten Situation nicht so für dich da, wie du es dir gewünscht hast, und du hast

daraus geschlossen, dass sie dich nicht lieben. Oder du wusstest zwar eigentlich, dass du geliebt wirst, hast dich jedoch nicht geliebt *gefühlt*. Lass deine Gedanken schweifen, schließe dafür gern deine Augen und finde eine Situation, in der du nicht die Liebe bekommen hast, wie du es dir gewünscht hast. Wir alle haben solche Situationen erlebt. Die Kunst ist, sie dir jetzt bewusst zu machen.
Bitte mach wirklich erst dann weiter, wenn du eine konkrete Situation gefunden hast. Erinnere dich nun, wenn möglich, an die eine Sekunde, in der der Gedanke, dass deine Liebe nicht erwidert wird, am schmerzhaftesten für dich war. Vielleicht war es etwas, was die andere Person gesagt oder getan hat.
Schreibe den Gedanken »Ich will, dass ... mich liebt« auf und notiere dir die Situation in Stichworten. Und dann geht's wieder los mit der konkreten Work. Mach dir bewusst: Es gibt keine richtigen oder falschen Antworten. Vertraue einfach der Antwort, die du in dir bemerkst. Wenn du die jeweilige Frage liest, halte inne und spüre, welche Antwort sich in dir zeigt. Notiere deine Antwort in kürzerer oder längerer Form, so wie es am besten für dich passt.

In deiner Situation – du willst, dass ... dich liebt:
1. Ist das wahr?
Antworte nur mit Ja oder Nein. Falls deine Antwort Nein ist, kannst du direkt zur dritten Frage übergehen. Ansonsten folgt die zweite Frage.

In deiner Situation – du willst, dass ... dich liebt:
2. Kannst du mit absoluter Sicherheit wissen, dass das wahr ist?
Die Antwort ist wieder nur Ja oder Nein. Beide Antworten sind gleich gut. Es kommt auf deine Antwort an, die sich in diesem Moment in dir zeigt. Ganz gleich, wie du antwortest, geh weiter zur dritten Frage. Begib dich dafür innerlich wieder in die konkrete Situation.

In deiner Situation – du willst, dass ... dich liebt:
3. Wie reagierst du, wenn du den Gedanken glaubst?
Wie reagierst du, wenn du diesen Gedanken glaubst – und die andere Person liebt dich nicht (so nimmst du es ja wahr). Bemerke deine Reaktionen. Gib dem, was auftaucht, innerlich Raum und notiere es.

Mögliche Unterfragen
In deiner Situation – du willst, dass ... dich liebt:
a) Welche Gefühle tauchen auf, wenn du den Gedanken glaubst?
b) Wo spürst du es im Körper, wenn du den Gedanken glaubst? Wie fühlt sich das an?
c) Wie behandelst du die andere Person, wenn du den Gedanken glaubst? Bemerke deine Antwort und notiere sie. Sei möglichst konkret. Wie genau lässt du die andere Person spüren, dass du das blöd findest, was sie macht? Notiere es. Und wie fühlt es sich für dich an, ihn oder sie so zu behandeln? Fühlt sich das gut an oder nicht so gut? Ist das Liebe, wie du die Person in der Situation behandelst? (Meist begegnen wir unserem Gegenüber dann nicht in Liebe. Und das ist doch interessant: Wir selbst leben in der Situation dann nämlich genau das nicht, was wir von dem anderen Menschen haben wollen.)
d) Wie gehst du mit dir selbst um, wenn du den Gedanken glaubst? Wie behandelst du dich? Was tust du dir sozusagen an mit dem Gedanken, den du glaubst? Oder mit den Gefühlen, die das auslöst, wenn du willst, dass die andere Person dich liebt, und sie tut es nicht? Spüre das und bemerke: Wie fühlt es sich für dich an, so mit dir selbst umzugehen?
e) Bringt dieser Gedanke Frieden oder Stress?
f) Öffnet es oder schließt es dein Herz, wenn du den Gedanken glaubst?
g) Wozu bist du nicht in der Lage, wenn du den Gedanken glaubst?

In deiner Situation – du willst, dass … dich liebt:

4. Wer wärst du ohne den Gedanken?

Erlebe dich ohne den Gedanken. Einfach mal angenommen, der Gedanke könnte gar nicht auftauchen: Wer wärest du in der gleichen Situation ohne den Gedanken? Spüre das. Wenn irgendeine Art Erleichterung auftaucht, dann erlaube dir, auch das zu spüren. Gib dem gerne Zeit.

Wenn du magst, lass für einen Moment die damalige Situation hinter dir und komm gedanklich in die Gegenwart. Schließe dafür noch einmal die Augen und spüre ein paar Atemzüge lang deinen Atem. Richte deine Aufmerksamkeit vollständig auf das Spüren deines Atems. Bemerke dann: Du willst, dass er oder sie dich liebt – wer oder was *bist* du, jetzt, hier, in diesem Moment ohne den Gedanken? Erlebe das. Gib dem Raum.

1. Umkehrung zu dir selbst

Ich will, dass* ich *mich liebe.

Notiere die Umkehrung. Nimm diese Umkehrung dann mit in deine Situation. Erlebe dich mit der Umkehrung in deiner Situation.

Finde dann mindestens drei Beispiele für diese Umkehrung. Fühle in dich hinein

Wie ist diese Umkehrung in deiner Situation genauso wahr oder wahrer? Du willst, dass du dich selbst liebst, könnte das auch sein? Inwiefern wäre das eine gute Idee? Warum könnte diese Umkehrung für dich Sinn ergeben?

Finde möglichst mindestens drei Beispiele für jede Umkehrung. Anfangs kann das schwierig sein, mit etwas Übung wird dir das später leichter fallen. Notiere die Beispiele für die Umkehrungen.

Eine Frage, die ein absoluter Augenöffner sein kann, ist: Angenommen, du kannst entweder die Liebe von dieser Person, über die du diese Work gemacht hast, dein Leben lang bekommen, oder du bist in der Lage, dich selbst wirklich zu lieben für den Rest deines

Lebens. Wenn nur eines von beiden möglich wäre, wofür würdest du dich entscheiden? (Fast immer, sofern wir nicht gerade noch extrem abhängig sind von der anderen Person, würden wir uns dafür entscheiden, dass wir uns selbst lieben wollen. Damit entdeckst du, worum es dir *wirklich* geht.)

2. Umkehrung zum Gegenüber

Ich will, dass* ich ihn/sie *liebe.

Notiere auch diese Umkehrung. Sie kann herausfordernd sein. Nimm diese Umkehrung trotzdem mit in deine konkrete Situation. Erlebe dich mit dieser Umkehrung in deiner Situation. Bemerke, inwiefern macht auch das Sinn, dass du willst, dass du ihn oder sie liebst? Finde deine Beispiele für diese Umkehrung. Warum wäre das eine gute Idee? Warum wäre das vielleicht sogar schön?

Eine Hilfestellung dafür könnte sein: Angenommen, du würdest jetzt verzaubert werden und du *wärest* in der Lage, der anderen Person in Liebe zu begegnen, auch wenn sie das getan hat, was sie getan hat. Auch wenn sie war, wie sie war. Wie würde sich das für dich anfühlen? (Oft lautet die Antwort auf die Frage: Das würde sich gut anfühlen – oder groß. Falls auch du das entdecken kannst, dass es sich gut anfühlen würde, dann wäre das ja schon ein Beispiel für die Umkehrung »du willst, dass du sie oder ihn liebst«. Du würdest das dann nämlich schon aus purem Egoismus wollen, einfach weil es sich für dich selbst gut anfühlt.)

3. Umkehrung ins Gegenteil

Ich will nicht, dass er/sie mich liebt.

Notiere diese Umkehrung – und erlebe dich dann mit der Umkehrung in deiner konkreten Situation. Ergibt das auf irgendeine Art Sinn für dich? Finde dann möglichst mindestens drei Beispiele für diese Umkehrung.

Ein paar mögliche Beispiele: Vielleicht erkennst du, dass es schmerzvoll bleibt für dich, solange du willst, dass die Person dich liebt – während sie es nicht tut. Und wenn du nicht mehr wollen würdest, dass sie dich liebt – was ja die Realität zumindest in dieser Situation ist –, dann kannst du in Frieden sein. Denn dann ist das, was du willst, in Übereinstimmung ist mit dem, was ist. Vielleicht kannst du auch entdecken, dass diese Umkehrung für dich stimmt, damit du anfangen kannst, dich selbst so anzunehmen und zu lieben, wie du bist, und dass du das verpassen würdest, wenn du die Liebe der anderen Person bekommen hättest. Und übrigens: Vielleicht hat sie dich ja sogar geliebt, und du konntest es nicht spüren, weil du bestimmte Gedanken geglaubt hast.

Universumsfrage

Als weitere Möglichkeit, Beispiele für diese Umkehrung ins Gegenteil zu entdecken, kannst du dir die »Universumsfrage« stellen. Gehe dafür zurück in deine konkrete Situation und beantworte die folgende Frage:

Angenommen, alles, was geschieht, geschieht für dich und stößt dir nicht einfach nur zu. Einfach mal angenommen, das Universum wäre ein freundlicher Ort und es inszeniert deine Erfahrungen für dich, weil es gut für dich ist. Wofür könnte es dann – möglicherweise auf lange Sicht gesehen – gut sein, dass du die Liebe der Person in der Situation nicht so bekommen hast, wie du es ursprünglich wolltest? Was könnte Gutes daraus entstehen? Was könntest du lernen?

Reflektiere nun deine Learnings aus dieser Work – am besten auch schriftlich:

1. Was nimmst du mit aus dieser Work?
2. Welche Umkehrung hatte am meisten Resonanz für dich? Wie kannst du diese Umkehrung ab jetzt leben?

NUR DU SELBST KANNST DICH VERLETZEN

Uns selbst zu mögen und uns selbst für liebenswert zu erachten, kann uns nicht nur in unseren intimsten Beziehungen die Augen öffnen, sondern es kann uns generell zwischenmenschlich einige frustrierende Momente ersparen. Wir alle fühlen uns hin und wieder verletzt, wenn jemand anderes etwas tut oder zu uns sagt. Vielleicht wurden wir von einer anderen Person kritisiert, ungerecht behandelt, schlecht dargestellt oder einfach nicht gesehen, und die Folge ist, dass wir uns elend fühlen. Mitunter gehen wir die Situation gedanklich wieder und wieder durch – und kommen aus der Schleife kaum wieder raus.

Natürlich, Menschen reden nicht immer ermutigend und einladend mit uns. Es ist aber hoffnungslos zu erwarten, dass alle Menschen dies tun, denn Menschen reden nun mal so, wie sie reden, und nicht so, wie wir gern möchten, dass sie reden. Und die Realität anders haben zu wollen, als sie ist, tut weh. Wir dürfen deswegen traurig sein, ärgerlich, ängstlich. Das ist alles vollkommen okay. Doch wenn wir uns von einem anderen Menschen verletzt fühlen, fühlen wir uns zwangsläufig als Opfer. Und als Opfer fühlen wir uns nicht frei. Wir fühlen uns klein und handlungsunfähig. Hinzu kommt, dass so ein gefährlicher Kreislauf in Gang gesetzt werden kann, denn als Opfer gestehen wir uns auch schnell das Recht zu, gemein und fies zu anderen zu sein, denn die anderen sind ja diejenigen, die uns etwas angetan haben, sie sind die Schlimmen. Natürlich kann es sich manchmal im ersten Moment befreiend anfühlen, die eigene Wut rauszulassen. Doch letztlich fühlt es sich für uns eigentlich nie wirklich gut an, wenn wir andere schlecht behandeln.

Was wäre, wenn wir stattdessen erkennen, dass es nie die Situation an sich ist, die uns verletzt? Dass es nicht das ist, was jemand anderes tut oder sagt, was uns wehtut, sondern dass erst unsere Bewertung der Situation unseren Schmerz auslöst? Klingt das zu abstrakt? Dann haben wir hier eine wundervolle Übung für dich: eine Forschungsreise, in der du erkennen kannst, was du wirklich bist – und was du nur dachtest zu sein. Diese Selbsterforschung ist vermutlich Tausende von Jahren alt. In Indien heißt sie Neti Neti.

Meditation: Innere Forschungsreise

Den Zugang zur Meditation »Innere Forschungsreise« findest du im Onlinetraining zum Buch (s. Anhang) unter www.unstoppable-buch.de.

ERKENNE DEINE EIGENE WAHRHEIT UND LEBE SIE

Vorausgesetzt, wir werden in ein liebevolles Umfeld geboren, dann leben wir, wenn wir auf die Welt kommen, von Natur aus für eine kurze Zeit vollständig im Einklang mit uns, mit unserem Herzen und mit unseren Bedürfnissen. So winzig wir als Babys auch sind, so groß ist doch unser Urvertrauen: Wir *wissen*, dass wir vollkommen sind, dass wir genau richtig so sind, wie wir sind, und dass wir auf diese Welt gehören. Wir blicken der Welt neugierig entgegen und zweifeln nicht einen Moment daran, dass uns die Welt mit ebenso offenen Armen empfängt.

DIE PRÄGUNGEN DER KINDHEIT

Wenn wir das Glück haben, relativ frei aufwachsen zu dürfen, haben wir bereits als Kinder und Jugendliche die Möglichkeit, uns selbst kennenzulernen und herauszufinden, wer wir sind, was wir mögen, wen wir lieben und welche Menschen, Hobbys, Sprachen oder Sportarten zu uns passen. Im besten Fall können wir uns frei entfalten, uns ausprobieren, dürfen Fehler machen, über den Tellerrand schauen und jederzeit um Hilfe bitten.

Allerdings können wir selbst in dem freimütigsten Umfeld nur das erforschen, was auch angeboten wird. Erinnerst du dich an die Kapitänin aus der Einleitung? Sie kannte niemanden, der schon einmal weiter weg gesegelt war, und so war sie unsicher, ob das überhaupt möglich war für sie. Wenn wir also beispielsweise nie eine Person kennenlernen, die eine Weltreise macht oder eine richtig gute Paarbeziehung lebt oder unheimlich reich ist oder sieben Firmen hat, dann fehlt uns der Referenzwert. Dann werden wir wahrscheinlich eher weniger den Wunsch entwickeln, nach solchen Dingen zu streben. Woher sollten wir auch wissen, dass all das möglich ist, wenn wir niemanden in unserem Umfeld haben, der uns zeigt, dass es geht? Hinzu kommt, dass häufig unsere Ursprungsfamilie bereits gewisse Erwartungen an uns hat: Wir sollen zurückhaltend sein, uns anständig benehmen, bestimmte Farben tragen und ein bestimmtes Lebensmodell anstreben. Das bedeutet, dass wir unsere Identität als Kinder meist in einem gewissen abgesteckten Rahmen entwickeln dürfen, nämlich in dem Rahmen, der in unserem Umfeld eher als »normal« gilt.

Mit der Schule werden wir dann plötzlich in ein neues Umfeld gesteckt, das uns ebenfalls prägt, schon allein aufgrund der vielen Zeit, die wir dort verbringen. Wir lernen Freundinnen kennen oder es gibt Klassenkameradinnen, die wir bewundern, und all diese Personen prägen uns ebenfalls, und wir eifern ihnen vielleicht nach in dem, was wir anziehen, was wir denken, welche Musik wir hören oder wie Partnerschaften funktionieren. Und es ist vollkommen in Ordnung, sich inspirieren zu lassen und Dinge auszuprobieren. Doch manchmal kann es dadurch dazu kommen, dass wir unsere eigene Stimme nicht mehr hören und gar nicht mehr spüren, wie es zu uns passen würde, unser Leben zu leben.

Später haben wir dann erste Berührungspunkte mit den sozialen Medien, und plötzlich vergleichen wir uns nicht mehr nur mit unserer besten Freundin, sondern mit Menschen, die vermeintlich *alles* haben. Wir vergleichen unsere Wohnung mit der von Kim Kardashian, unseren Erfolg mit dem von Influencerinnen und unseren Urlaub mit dem fremder Personen auf Instagram. Das hat sowohl positive Seiten, denn wir sehen, dass es Referenzwerte gibt für unsere Wünsche. Gleichzeitig hat es auch negative Seiten, weil wir vielleicht glauben, dass die Menschen so weit weg sind und es somit für jemanden wie uns gar nicht erst möglich ist, das zu erreichen, was sie erreicht haben.

DIE ERWARTUNGEN DEINES UMFELDS

Auch in unserem Erwachsenenleben werden wir fast nonstop beeinflusst, sei es durch unsere Familie, unsere Arbeitskolleginnen, Beiträge auf Social Media oder durch Werbung. An unseren Wünschen und Träumen festzuhalten und sie uns nicht ausreden zu lassen, kann eine ganz schön große Herausforderung sein. Da ist es nur allzu verständlich, dass wir manchmal Dinge tun, um »reinzupassen« und die Erwartungen der anderen zu erfüllen. Daran ist grundsätzlich nichts verkehrt, wenn es sich richtig anfühlt und man wirklich so leben möchte.

Wenn jedoch unsere Wünsche von dem abweichen, was wir durch unser Umfeld kennen, haben wir nicht die Möglichkeit, uns wirklich frei zu entwickeln. Einerseits fehlen uns Vorbilder und Ideen. Andererseits ist es schwierig, einer Neigung nachzugehen, die eventuell von der Konformität des eigenen Umfelds abweicht. Es ist in etwa so, als würde man als Einhorn unter Pferden leben. Man würde nie sehen können, wie sich Einhörner benehmen und was sie so tun, weil man um sich herum nichts anderes als Pferde sieht. Und selbst wenn man spüren würde, dass man sich nach etwas anderem sehnt als all die Pferde um einen herum, hätte man Angst davor, ausgegrenzt zu werden, wenn man dieser Neigung nachgeht.

Es ist also gut möglich, dass wir zwar wissen, dass wir etwas anderes wollen als unser Umfeld, dass uns aber gleichzeitig der Gedanke quält, mit uns stimme etwas nicht, und dass wir aufgrund dessen unsere wahre Identität unterdrücken. Denn wir wollen ja dazugehören, und wir wollen gefallen.

Falls du diesen Gedanken kennst, lass dir gesagt sein: Mit dir ist alles in Ordnung, auch wenn du anderen gefallen willst. Insbesondere die Existenz als Frau basiert schließlich seit Anbeginn der Menschheitsgeschichte darauf, dass Frauen schutzbedürftig sind. Frauen waren durch ihre körperliche Unterlegenheit und durch die Kinder, die sie beschützen wollten, immer ein leichtes Ziel und entsprechend darauf angewiesen, sich in Gruppen aufzuhalten. Denn Gruppen versprachen Schutz. Heutzutage empfinden wir im Normalfall auch ein sichereres Gefühl, wenn wir uns in der Gruppe bewegen und dazugehören, als wenn wir nachts allein durch den Hauptbahnhof gehen.

Wir wollen uns daher in Gemeinschaften einfügen, und das gelingt am besten, wenn wir gemocht werden. Um unserer eigenen Wahrheit näherzukommen, können folgende Fragen hilfreich sein, die wir uns regelmäßig stellen dürfen:

- Was würde ich tun und wie würde ich leben, wenn ich wüsste, dass niemand in meinem Umfeld aufgrund dessen böse, enttäuscht, traurig oder verletzt wäre?
- Was würde ich tun und wie würde ich leben, wenn ich wüsste, dass alle in meinem Umfeld stolz auf mich wären und meine Entscheidung in jedem Fall feiern würden?
- Und was würde ich tun und wie würde ich leben, wenn ich mich richtig, richtig lieben und nur das Beste für mich tun würde?

Gleichzeitig sollten wir nachsichtig mit uns sein, wenn wir all diese Dinge, die wir so gern tun würden, bisher nicht getan haben. Denn wenn wir in der Vergangenheit offenbart hätten, dass wir ein Einhorn unter Pferden sind, wären wir von der Gemeinschaft verstoßen wor-

den, und das konnte lebensgefährlich sein. Und eben weil dieses Bedürfnis deshalb so fest in uns verankert ist, gehen wir manchmal noch heute Kompromisse ein oder fangen Lebenskonzepte an, die nicht im Einklang mit unserem wahren Selbst stehen. Einfach weil wir der festen Überzeugung sind, dass bestimmte Dinge von uns erwartet werden und wir nur dann zur Gruppe dazugehören, wenn wir entsprechend handeln. Wir können nichts dafür. Wir sind schlichtweg auf diese Weise programmiert. So bekommt eine dreißigjährige Frau vielleicht Kinder, weil das gesellschaftlich betrachtet der richtige Schritt in diesem Alter ist, während eine sechzigjährige Frau sich womöglich nicht traut, sich neu zu verlieben, weil ihr Umfeld das als anrüchig empfinden könnte.
Unser Umfeld und die Gesellschaft streben häufig nach Konformität und Anpassung. Das macht es schwierig, die eigenen Werte, Neigungen und Träume zu erkennen. Und das macht es schwierig, die erwartungserfüllende Stimme in uns zum Schweigen zu bringen und unserer viel leiseren Herzensstimme Gehör zu verschaffen. Falls du eine innere Unruhe verspürst, eine spürbare Sehnsucht oder ein nicht zu definierendes ungutes Gefühl, darfst du erkennen: Das ist deine Herzensstimme, die sich da bemerkbar machen möchte. Folgende Fragen können sie dazu bringen, lauter zu dir zu sprechen:

Habe ich meine Ziele, Träume und Wünsche wirklich selbst gewählt? Lebe ich so, wie ich es wirklich will, und gehe täglich die Dinge an, die mir etwas bedeuten? Bin ich das, was ich heute denke und fühle?

Indem wir uns regelmäßig Fragen wie diese stellen, lernen wir, achtsam in Bezug auf die Dinge zu sein, die im Außen passieren.
Je mehr unserer eigenen Ängste und Bedürfnisse wir nämlich kennen und je mehr wir wissen, was wir lieben und was uns widerstrebt,

desto weniger können wir selbst und können andere uns manipulieren. Und lass dir versichern: Manchmal dürfen wir uns von Gruppen und deren Vorstellungen lösen. In den meisten Fällen finden wir nämlich dann durch unsere wahren Wünsche neue Gruppen, zu denen wir gehören werden und die dann besser zu uns passen. Ebenso darfst du dir bewusst machen: Du gefällst anderen Menschen auch dann, wenn du deinen eigenen Weg gehst. Vielleicht inspirierst du damit andere, auch ihre Wahrheit zu leben. Und manchmal findest du sogar innerhalb deiner Pferdeherde das ein oder andere Einhorn, das sich wie du bisher versteckt hatte und sich jetzt auch traut, Einhorndinge zu machen.

KÖNNEN WIR DAZUGEHÖREN UND UNSERE WAHRE IDENTITÄT LEBEN?

Natürlich, es kann durchaus unbequem sein, dem sozialen Druck zu entkommen und die eigene Wahrheit zu leben. Nicht zuletzt steigt mit einem Leben fernab der Konformität auch die Selbstverantwortung. Für jeden einzelnen Schritt, den wir im Sinne unserer eigenen Wahrheit gehen, liegt die Verantwortung einzig und allein bei uns. Das kann anstrengend sein, vor allem, wenn wir es unser gesamtes bisheriges Leben gewohnt waren, die Verantwortung für unser Leben an unser Umfeld oder die Gesellschaft abzugeben. Da ist es nur allzu verständlich, wenn wir Ausreden entwickeln, um diese Verantwortung nicht tragen zu müssen. Diese Ausreden äußern sich gern in Wenn-dann-Gedanken.

Unser Verstand ist sehr kreativ darin, Lösungen zu finden, mit denen wir unsere Angst vor der Verantwortung füttern können.

Das kann folgendermaßen klingen: »Wenn ich genug Geld hätte, dann würde ich in einem Waisenhaus in Nicaragua arbeiten«, »Wenn meine Kinder besser schlafen würden, dann würde ich zu dem Netzwerktreffen der Unternehmerinnen in meiner Stadt gehen«, »Wenn ich nicht so dick wäre, dann würde ich den Surfkurs machen«, »Wenn ich den Jackpot gewinne, dann …«. Im Grunde besagen all diese Ausreden: »Wenn irgendetwas im Außen anders wäre, als es jetzt ist, dann könnte ich meinen Traum verwirklichen. Aber es ist nun mal so, wie es ist. Also brauche ich es gar nicht erst anzugehen.«

Obwohl uns diese Wenn-dann-Gedanken also einschränken, dürfen wir sie in einem ersten Schritt durchaus zulassen und fühlen. In einem zweiten Schritt können wir sie dann als Wegweiser benutzen, um unsere eigenen Wünsche aufzuspüren. Denn um unsere Wünsche zu leben, müssen wir sie erst einmal kennen. Und unsere Wenn-dann-Gedanken zeigen uns glücklicherweise deutlich: Wir wollen Freiwilligenarbeit in Nicaragua leisten, wir wollen uns mit Unternehmerinnen austauschen, wir wollen Surfen lernen und wir wollen reich sein. In einem dritten Schritt entdecken wir vielleicht eine »Lieblingsausrede«, die uns mitunter direkt zu unseren wahren Wünschen führt, wie die folgende Übung zeigt.

Übung: Erkenne mit deiner Lieblingsausrede deine wahren Wünsche

1. Nimm dir dein Journal zur Hand und beantworte die folgende Frage: Wenn du einfach tun könntest, was du willst – wenn wirklich alles möglich wäre –, was würdest du dann tun?
   Du darfst hier gern all deine innigsten Wünsche und Sehnsüchte aufschreiben. Nimm dir die Zeit, in dich hineinzuhorchen.
   Beispiele: *(1) Ich würde eine Weltreise machen. (2) Ich würde weniger arbeiten. (3) Ich würde mich selbstständig machen.*

2. Nachdem du nun deine Träume aufgeschrieben hast, widme dich nacheinander jedem einzelnen von ihnen und frage dich, was dich davon abhält, sie wahr werden zu lassen. Beantworte dafür die Frage: Warum tust du es nicht?
   Beispiele: *(1) Weil ich es mir nicht leisten kann. (2) Weil ich mein regelmäßiges Gehalt brauche, um meine Rechnungen zu bezahlen. (3) Weil ich Angst vor der finanziellen Unsicherheit habe.*
3. Sieh dir nun deine Ausreden genau an. Erkennst du ein Muster? Gibt es eine Ausrede, die besonders häufig vorkommt? Welche ist es? Schreibe sie auf.
   In unserem Beispiel scheinen Geld und finanzielle Sicherheit eine große Rolle zu spielen.
4. Nimm nun diese Lieblingsausrede und stelle dir die entsprechende Umkehrfrage: Wenn das, was momentan nicht erfüllt ist, erfüllt wäre, was würdest du dann alles tun?
   Beispiele: *Wenn ich alles Geld / alle Zeit / alle Unterstützung der Welt hätte, was würde ich dann tun? Wenn ich keine Angst hätte, was würde ich dann tun? Wenn ich der kreativste/geschickteste/sportlichste Mensch auf diesem Planeten* wäre, was würde ich dann tun?

Manchmal sind die Antworten schmerzhaft, weil wir plötzlich realisieren, dass der Weg, den wir eingeschlagen haben, gar nicht mit unseren wahren Wünschen übereinstimmt. Das Gute ist jedoch: Du hast das jetzt herausgefunden. Es ist nicht zu spät. Du hast noch Zeit. Und selbst wenn du deinen Traum wirklich nicht sofort leben kannst, dann wird die Zeit kommen, dass du das kannst. Deshalb kannst du ab jetzt darauf hinarbeiten und deinen Traum im Bewusstsein lebendig halten.

Meditation: Erwartungen loslassen

Eine wundervolle geführte Meditation, die dir dabei hilft, die Erwartungen loszulassen, die an dich gestellt werden, findest du im Onlinetraining (s. Anhang) unter www.unstoppable-buch.de.

ÜBERWINDE DIE ANGST DAVOR, WAS ANDERE ÜBER DICH DENKEN

Wir haben wie gesagt häufig dann Angst davor, was andere von uns denken könnten, wenn wir uns dazu entschließen, etwas zu tun, das von dem abweicht, was in unserem Umfeld als »normal« angesehen wird. Vielleicht sind wir in einem Umfeld aufgewachsen, in dem über reiche Menschen gelästert wird. Wenn beim Abendessen über die reiche Nachbarin gesprochen wurde, dann geschah das vielleicht häufig mit negativen Worten wie: »Geld verdirbt den Charakter«, »Die hat damit ein Schweinegeld gemacht und nun grüßt sie einen nicht mal mehr«, »Die hat sich damit dumm und dämlich verdient« oder »Die bildet sich sonst was auf ihren Reichtum ein«. Wenn uns Sätze wie diese in unserer Kindheit wieder und wieder begegnet sind, könnten wir bereits recht früh den Wunsch entwickelt haben, niemals reich zu werden, da unsere Eltern reiche Menschen nicht mögen und wir dann, würden wir irgendwann zu den reichen Menschen gehören, womöglich nicht mehr geliebt werden.

Lass uns ein Gedankenexperiment machen: Nehmen wir einmal an, eine junge, zwanzigjährige Frau beschließt, ein eigenes Unternehmen zu gründen und damit Millionärin zu werden. Die junge Frau ist in einem kleinen Fischerdorf an der Nordseeküste aufgewachsen. Mit ihrem Wunsch steht sie damit ziemlich allein auf weiter Flur. Ein paar der Dorfbewohnerinnen belächeln und verspotten die junge Frau. Manche sagen ihr geradeheraus, dass das eine absolute Schnapsidee ist, sie solle lieber mal wieder auf den Boden der Tatsachen zurückkommen. Andere wünschen ihr viel Erfolg, verfolgen aber jeden Schritt der jungen Frau mit Argusaugen und warten hämisch darauf, dass sie scheitert.

Wenn den gleichen Wunsch dagegen jemand wie Paris Hilton äußert, wird es für viele Menschen in ihrem Umfeld absolut nachvollziehbar sein. Mehr noch: Wahrscheinlich wird es in einem Umfeld wie dem, in dem Paris Hilton aufgewachsen ist, sogar erwartet, dass die Kinder etwas Besonderes leisten und sich hohe Ziele setzen. Zumindest wird sie niemand belächeln oder verspotten, vermutlich würde die eine oder andere erfahrene Entrepreneurin sie sogar an die Hand nehmen, um ihr Tipps zu geben.

Das soll natürlich keineswegs heißen, dass wir alle es anstreben sollten, in einem Umfeld wie dem von Paris Hilton aufzuwachsen. Jedes Umfeld hat seine Vor- und Nachteile. Und mit Sicherheit trägt auch jemand wie Paris Hilton einen vollgepackten Rucksack an Ängsten und Glaubenssätzen mit sich herum – nur ist der dann eben von Gucci und nicht von Fjällräven. Spaß beiseite. Was dieses Gedankenexperiment aussagen will, ist: Je nachdem, wie wir aufwachsen und in welchem Umfeld wir leben, können in uns vielleicht Überzeugungen entstehen oder Träume sterben, weil wir so eine große Angst davor haben, was andere dann über uns denken könnten. Dabei meinen es die Menschen selten böse, wie wir gleich sehen werden.

MENSCHEN HANDELN MEIST FÜR SICH, NICHT GEGEN DICH

Wie gesagt handeln wir alle häufig im Einklang mit unseren zwei ureigenen Motivatoren: entweder um Freude zu erfahren oder um

Schmerz zu vermeiden. Wenn wir uns nun dafür entscheiden, Freude zu erfahren und aus unserem gewohnten Umfeld auszubrechen, um unsere Träume zu verwirklichen, kann es sein, dass jemand aus unserem Umfeld uns kritisiert und kleinhält, weil er für uns oder für sich selbst Schmerz vermeiden möchte. Einerseits möchte dieser Mensch uns beschützen und uns in der sicheren Herde halten, andererseits wäre er selbst gern so mutig und frei, wie wir es sind, traut es sich aber nicht, weil er die gleichen Ängste hat wie wir.

In solchen Fällen kann es passieren, dass Neid entsteht und dieser Mensch mit anderen Personen über uns lästert. Und Hand aufs Herz: Ein solches Verhalten kennen wir alle. Neid ist ein bohrendes, unangenehmes Gefühl. Und indem wir schlecht über die Person sprechen, auf die wir neidisch sind, und sie so abwerten, versuchen wir, dieses Gefühl aufzulösen und uns selbst besser zu fühlen. Wenn wir das in einer Gruppe tun, stärkt das gleichzeitig unser eigenes Zusammengehörigkeitsgefühl mit dieser Gruppe: Wir werten uns selbst und die Gruppe auf, indem wir uns über den anderen Menschen stellen.

> Was uns dabei entgeht, ist, dass es wie ein Bumerang wirkt, wenn wir schlecht über andere Menschen sprechen.

Natürlich fühlen wir uns kurzfristig gut und vielleicht sogar besser als vorher, wenn wir unsere eigene Ansicht in einer Gruppe bestärken und das Neidgefühl damit betäuben. Mittel- und langfristig jedoch fühlen wir uns schlechter dadurch, denn zum einen geschieht das Ganze auf Kosten einer anderen Person und tief im Innern ist uns durchaus bewusst, dass das nicht okay ist. Zum anderen ignorieren wir dadurch, was hinter dem Neidgefühl liegt.

Wie schön wäre es doch, wenn wir das Neidgefühl stattdessen wie einen Kompass nutzen könnten, der uns den Weg zu unseren Wün-

schen und Träumen weist? Denn wenn wir auf etwas neidisch sind, bedeutet das zweierlei: Tief in mir stelle ich fest, dass ich das auch gern hätte. Allerdings glaube ich in diesem Moment, dass ich das, worauf ich neidisch bin, nicht in meinem Leben umsetzen kann. Neid ist also direkt mit dem eigenen Selbstwertgefühl verknüpft. Wenn ich beispielsweise neidisch darauf bin, dass jemand schlanker als ich ist, dann spüre ich neben dem Wunsch, ebenfalls schlank zu sein, eine gewisse Hilflosigkeit und Ohnmacht und glaube nicht, dass ich das in meinem Kopf vorherrschende ideale Körperbild so leicht erreichen kann. Oder wenn ich neidisch auf eine Person bin, die mehr Geld als ich verdient und sich fantastische Urlaube leisten kann, spüre ich zusätzlich zu meinem Wunsch, mir ebenfalls bestimmte Dinge leisten zu können, vielleicht eine gewisse Unzulänglichkeit. Womöglich glaube ich, dass es für mich niemals möglich sein wird, ebenfalls so viel Geld zu verdienen, weil ich gar nicht weiß, wie ich es angehen könnte.
Im Umkehrschluss bedeutet das für dich übrigens das Gleiche:

> Der Grund, weshalb Menschen eventuell schlecht über dich sprechen, hat nichts mit dir zu tun, sondern vielmehr mit den Menschen selbst. Sie spüren ein unangenehmes, nagendes Gefühl in sich.

Dieses Gefühl versuchen sie zu ändern, indem sie schlecht über dich sprechen. Das bedeutet jedoch in keiner Weise, dass der Weg, den du gehst, schlecht ist. Es bedeutet lediglich, dass diese Menschen von sich selbst denken, dass sie das nicht schaffen könnten, was du geschafft hast oder was du schaffen möchtest. Sie haben nicht erkannt, dass der Neid auch ein Wegweiser sein kann.

Gastbeitrag von Miss Aliana: Der Einfluss des Umfelds auf unsere Gedanken

Ich habe mich schon früh in meinem Leben für einen Karrierepfad entschieden, bei dem ich mich regelmäßig mit negativen Aussagen mancher Menschen mir gegenüber auseinandersetzen musste. Im Laufe der Jahre und insbesondere nachdem ich ein Seminar bei Ralf besucht hatte, wurde mir klar, dass diese Menschen mich nicht hassen, sondern dass sie ihre eigenen Ängste und Unsicherheiten nur auf mich projizieren.
Ich erinnere mich noch genau daran, als ich 14 Jahre alt war und unbedingt Youtuberin werden wollte. Es war die Zeit der Make-up-Tutorials, Challenges und Morgenroutinen auf Youtube. Ich nahm selbst solche Videos auf, gab mir dabei einen anderen Namen und redete auf Englisch. Hochgeladen habe ich das alles aber nicht. Warum? Weil ich ganz furchtbare Angst davor hatte, dass meine Mitschülerinnen und Mitschüler schlecht über mich reden würden.
Diese Angst beeinflusste zu jener Zeit einfach alles. Sie beeinflusste, was für Kleidung ich trug, welche Kurse ich wählte und was ich sagte, wenn ich mich im Unterricht meldete. Und sie beeinflusste auch, was ich *nicht* tat. Diese Angst war der Grund, dass ich meine Videos lange Zeit nicht ins Internet stellte. Schließlich erkannte ich, dass ich an einem Punkt angelangt war, an dem diese bestimmte Angst zu einer gefährlichen Angst wurde, die mein Leben lenkte, ohne dass ich es gemerkt hatte. Vielleicht kennst auch du die Angst davor, was andere über dich denken könnten. Was tust du *nicht*, weil du nicht willst, dass man schlecht über dich redet? Was für ein Leben führst du *nicht*, weil du Angst hast, nicht gemocht zu werden? Welche Träume erfüllst du dir *nicht*?
Ich stellte mir damals diese Fragen, und sie führten dazu, dass sich meine Angst wandelte. Ich schrieb einen Brief an mich selbst, in dem ich so tat, als wäre es zwanzig Jahre später:

»Hey Aliana,
ist das jetzt wirklich dein Ernst? Lädst du nur wegen der anderen diese Videos nicht hoch? Lass uns das doch mal durchgehen. Was könnte passieren, wenn du sie hochlädst? Es könnte peinlich werden, weil du damit keinen Erfolg hast, und die anderen könnten schlecht über dich reden. Okay, vor wessen Meinung genau hast du Angst? Vor der deiner besten Freundinnen? Nein. Du hast Angst vor der Meinung der Menschen, mit denen du nicht so viel zu tun hast, denn deine Freundinnen werden dich unterstützen. Du würdest es also *nicht* tun wegen der Meinung von Menschen, die du nach der Schule höchstwahrscheinlich nie wieder sehen wirst?
So, und dann ist da noch die Angst, dass es ein Flop wird. Du fragst dich, was passiert, wenn es ein kompletter Misserfolg wird. Ich verstehe das, aber ich möchte dir mal die Gegenfrage stellen: Was ist, wenn es ein *voller* Erfolg wird? Was ist, wenn das dein ganzes Leben positiv beeinflusst? Was ist, wenn du das verpasst, weil du Angst vor der Meinung von ein paar Mitschülern hattest? Das würdest du dir nie verzeihen.«

Dieser Brief an mich setzte die Folgen und meine Ängste in Relation zueinander. Dadurch wurde ich mutig, schließlich doch das zu tun, wovor ich Angst hatte.
Sicher kennst du das auch: Häufig steigern wir uns in unserer eigenen kleinen Welt in Ängste und Gedanken hinein und verlieren dabei den Zusammenhang und das Gefühl für die tatsächliche Wichtigkeit. Mir hilft es in solchen Momenten, mir folgende Fragen zu stellen: Was ist das Schlimmste, was passieren kann, wenn ich tue, wovor ich mich fürchte? Wie würde ich damit umgehen, wenn dieser schlimmste Fall eintritt? Wie wahrscheinlich ist es, dass dieser schlimmste Fall eintritt? Sieh dich selbst in zwanzig Jahren: Wie wichtig ist deine aktuelle Angst aufs Leben

gesehen? Was könntest du verpassen, wenn du es *nicht* tust? Gab es früher schon einmal Situationen, in denen du eine vergleichbare Angst hattest, die sich im Nachhinein als nicht halb so schlimm wie befürchtet herausgestellt hat?
Diese Fragen lassen sich auf alle Lebenssituationen übertragen. Ich stelle sie mir, wenn ich mich im Bikini unwohl in meinem Körper fühle, wenn ich Angst vor einem Bewerbungsgespräch habe oder wenn ich ein neues Unternehmen gründe. Die Antworten darauf geben mir Ruhe und die Einsicht, dass meine Ängste häufig aus einem realitätsfernen Hineinsteigern resultieren.
Nun muss ich zugeben, dass in meinem Fall einige Jahre später tatsächlich das eintrat, wovor ich Angst gehabt hatte: Ich bekam Hate-Kommentare, meine Kommilitoninnen trafen sich, um meine Videos zu schauen und sich darüber lustig zu machen, ich habe Freundinnen verloren, weil sie damit nichts zu tun haben wollten, ich habe im Studium ganze anonyme Chaträume gefunden, in denen ich Sachen über mich lesen durfte wie: »Über die macht sich ja eh schon die ganze Uni lustig, zumindest mein Jahrgang.« Oder: »Sagt mal, diese Youtuberin wird ja wohl nicht ansatzweise durchs erste Semester kommen?!« Natürlich hat mich das getroffen und verletzt. Ich habe viel geweint in der Zeit. Ich hatte Angst davor, jemals wieder in die Uni zu gehen. Ich spielte mit dem Gedanken, gar nichts mehr in der Öffentlichkeit zu machen. Doch auch an diesem Punkt halfen mir meine Fragen dabei, Mut zu schöpfen und meinen Herzensweg weiterzugehen.
Ich habe mir, seit ich 16 Jahre alt war, ein Leben aufgebaut, in dem ich eine enorme finanzielle Freiheit genieße, in dem ich mit weltbekannten Marken zusammenarbeiten kann und in dem ich Tausenden Mädchen da draußen zu besseren Noten und zu einem glücklicheren Leben verhelfen kann, sei es mit meinen Lerntipps oder mit meinen Tipps für ein stärkeres Selbstbewusstsein. Das alles ist viel wertvoller als das Bestreben, von denen

gemocht zu werden, die sich hinter Fake-Profilen und traurigen Gruppenmeinungen verstecken, weil sie niemals den Mut aufbringen würden, dasselbe zu tun.

Statt also über eine andere Person zu lästern und uns kurzfristig ein gutes Gefühl zu verschaffen, können wir innehalten, sobald wir ein bohrendes Neidgefühl empfinden und dem Gefühl nachspüren. Wir können uns fragen:

Möchte ich insgeheim auch das,
worauf ich neidisch bin? Warum glaube ich eventuell,
dass das für mich nicht möglich ist?
Warum glaube ich, dass ich nicht gut genug
oder clever genug dafür bin?

Und je nachdem welche Antwort sich hier offenbart, dürfen wir weiter in uns hineinhorchen.
Wir legen dir ans Herz, Gedanken wie »Ich bin dafür nicht clever genug« oder »Für mich ist das nicht möglich« mit The Work zu überprüfen. Du kannst dafür die Anleitung in der hinteren Umschlagklappe verwenden. The Work ermöglicht es dir, dich von solchen einschränkenden Gedanken (wir könnten auch sagen: von solchen Lügen) zu befreien.
Hier schließt sich der Kreis zum Selbstbewusstsein. Indem wir uns unserer selbst bewusst werden, offenbaren sich ganz neue Handlungsmöglichkeiten. Denn natürlich sind wir gut genug und verdienen es, unsere Träume Realität werden zu lassen. Und natürlich sind wir clever genug, alles zu erreichen, was wir uns vorstellen. Wir haben alles, was es dafür braucht, bereits in uns. Wir müssen es nur freilegen. Und wenn wir dabei einen Wunsch freilegen, der es mit sich bringt, dass wir aus unserem gewohnten Umfeld ausbrechen, dann dürfen wir auch das wagen.

MACH DIR BEWUSST: FÜR JEDEN WUNSCH GIBT ES EIN UMFELD

Wir wissen bereits, dass unser Bedürfnis nach Zugehörigkeit und Liebe so fest verankert in uns ist, dass wir dafür zeitweise unsere eigene Identität aufgeben. Das Tragische ist: Je mehr wir geliebt werden möchten, desto mehr streben wir danach, uns anzupassen. Wenn wir mit unserem Leben glücklich sind und zufällig trotzdem in unser gewohntes Umfeld reinpassen, ist das wunderbar. Falls es bei dir so ist, go for it! Wenn du aber spürst, dass der Weg, den du gehst, dich in ein Leben führt, das du gar nicht willst, wenn du spürst, dass all die Dinge, die du hast und lebst, nicht deiner Wahrheit entsprechen, dann kann das im ersten Moment ganz schön furchteinflößend sein, denn es bedeutet: Wenn du deine eigene Wahrheit leben willst, riskierst du es, von den Menschen in deinem Umfeld mitunter kritisiert, verspottet oder verurteilt zu werden. Du riskierst es, dass die Menschen in deinem Umfeld schlecht von dir denken und vielleicht sogar mit anderen schlecht über dich reden. Denn während zwar du ganz allein die Schöpferin deines eigenen Lebens bist, hast du keinen Einfluss darauf, was andere Menschen tun oder denken. Und natürlich kann es geschehen, dass du verstoßen wirst.

Doch wenn du deinen Träumen nicht nachgehst,
riskierst du etwas anderes Wesentliches:
Du riskierst, ein Leben zu leben, das nicht deines ist.

Ein furchteinflößendes Dilemma? Die Lösung liegt meist näher, als wir denken, denn es gibt für jeden Wunsch ein Umfeld. Vielleicht müssen wir unser vertrautes Umfeld dafür zunächst verlassen; es bedeutet jedoch nicht, dass wir es in Gänze zurücklassen müssen. Wenn wir beispielsweise Profisportlerin werden möchten, wir allerdings in der ge-

fühlt unsportlichsten Familie der Welt aufgewachsen sind, dann lieben wir unsere Familie natürlich, dürfen aber ein Umfeld mit Menschen finden, die ebenfalls professionell Sport treiben möchten. In diesem Umfeld werden wir dann all die Unterstützung erfahren, die wir benötigen, um unseren Traum zu verfolgen.
Stell dir das wie eine Brücke zwischen deinem jetzigen Leben und dem Leben vor, das du dir für dich wünschst: Während du diese Brücke überquerst, wirst du einige Menschen bereits mit dem ersten Schritt zurücklassen. Andere kommen vielleicht eine Weile mit, kehren dann aber wieder um. Bestimmte Menschen werden dich den gesamten Weg über die Brücke begleiten. Und am Ende der Brücke warten neue Menschen auf dich, die sich freuen, dich zu sehen, und die dich herzlich in diesem für dich neuen Umfeld aufnehmen. Wenn du den Mut hast, den Weg zu gehen, der deiner eigenen Wahrheit entspricht, dann wirst du schnell feststellen, dass du dir auf nahezu magische Weise ein neues sicheres Umfeld schaffst.

Wenn wir uns zeigen, wie wir wirklich sind,
haben wir die Chance, Menschen zu finden,
die uns genau dafür lieben werden.

Wenn wir dagegen versuchen, ihnen ein anderes, angepassteres Bild von uns zu zeigen, dann können wir nur für das Bild geliebt werden und nicht für das, was wir wirklich sind.

JE MEHR DU BEI DIR BIST, DESTO MEHR SIND AUCH ANDERE BEI DIR

Ob Menschen also Dinge über uns denken oder nicht, ist im Grunde gar nicht unsere Sache, denn es ist ganz natürlich, dass Menschen das tun. Es wird immer Menschen geben, die schlecht oder hämisch über uns reden werden. Je stärker wir jedoch unsere Wahrheit leben, desto glücklicher werden wir sein. Und je glücklicher wir sind, desto anziehender wirken wir wiederum auf Menschen in unserem Umfeld. Hinzu kommt: Unsere Zweifel an uns selbst werden von den anderen Menschen meist gespiegelt. Wie schön wäre es also, wenn wir die Zweifel auflösen und unserer wahren Identität und unseren tiefsten Wünschen und Träumen nachgehen könnten?

> Wie schön wäre es, wenn wir wirklich dauerhaft denken könnten, wir gehörten dazu, ganz gleich, was wir tun und was andere davon halten?

Denn zumindest in manchen Situationen glauben wir alle manchmal den Gedanken, wir würden nicht dazugehören.
Um dich hier noch mehr in deine ureigene Kraft zu bringen und dich zu ermutigen, dir und deinem Lebensweg unabhängig von der Meinung anderer Menschen zu vertrauen, kannst du die folgende kraftvolle geführte Work machen. Die Überzeugung »Ich gehöre nicht dazu« kann uns davon abraten, unseren eigenen Weg zu gehen und für uns einzustehen.

Work: »Ich gehöre nicht dazu«

Finde einen Ort, an dem du für die folgenden 20 Minuten ungestört bist. Nimm dir dein Journal zur Hand und notiere schon mal den Gedanken »Ich gehöre nicht dazu«.
Erinnere dich nun an eine Situation, in der du geglaubt hast, du würdest nicht dazugehören. Notiere diese Situation möglichst konkret in deinem Journal: Was genau ist die eine Sekunde, in der

du geglaubt hast, du gehörtest nicht dazu? Wo warst du in dem Moment? Wer war bei dir? Was ist geschehen? Übrigens: Du könntest diese Work auch vorbereitend für eine Situation in der Zukunft machen. Notiere die konkrete Situation, die du für diese Work ausgewählt hast.
Jetzt kannst du die Work mit der Anleitung in der hinteren Umschlagklappe schriftlich machen. Hinweise zur Umkehrung findest du wieder hier im Text:

Umkehrung ins Gegenteil
Ich gehöre dazu.
Gehe innerlich wieder in deine konkrete Situation und nimm diese Umkehrung mit in diese Situation. Erlebe dich mit der Umkehrung in der Situation. Lass dir Zeit dafür, das zu erleben. Schließe dafür gern die Augen. Finde dann mindestens drei Beispiele für diese Umkehrung. Warum könnte es sein, dass du dazugehörst? Erlaube dir, deinen Geist schweifen zu lassen und zu bemerken, inwiefern das möglicherweise auch wahr sein kann, dass du dazugehörst.
Hier sind ein paar Ideen für Beispiele – vielleicht inspirieren sie dich, deine eigenen zu finden:

- Ich gehöre dazu, weil ich an dem gleichen Ort bin, an dem die anderen auch sind.
- Ich gehöre dazu, weil ich mich in der Gruppe bereits auf eine bestimmte Art eingebracht habe.
- Ich gehöre zu mir dazu, weil ich meinen Weg gehe.
- Ich gehöre dazu, weil schon jemand freundlich auf mich reagiert hat.
- Ich gehöre dazu, weil wir alle unsere Macken haben, bestimmt auch ich, und das ist okay. Trotzdem können wir gemeinsam eine gute Zeit haben.
- Ich gehöre dazu, weil vielleicht auch noch andere aus der Gruppe denken, dass sie nicht dazugehören.

- Ich gehöre dazu, weil ich bei der vierten Frage, »Wer wäre ich ohne den Gedanken?«, bemerken konnte, dass ich dazugehörte. Das heißt, offensichtlich kreiert nur der Gedanke das Gefühl, dass ich nicht dazugehöre. Wenn der Gedanke mal nicht aktiv ist, zeigt die Realität: Ich gehöre dazu.

Frage dich zum Abschluss, was du aus dieser Work mitnimmst. Notiere deine Antworten.

ERKENNE, WAS IN DEINER MACHT LIEGT – UND WAS NICHT

Wir fühlen uns immer dann schlecht, wenn wir die Realität anders haben wollen, als sie ist. So können bereits kleine Dinge großen Einfluss auf unser Gemüt haben, etwa schlechtes Wetter. Wir alle haben uns schon einmal über das Wetter beklagt. Außer schlechter Laune hat es uns jedoch nie auch nur irgendetwas gebracht. Denn wir haben absolut keine Handhabe über das Wetter. Was wir beeinflussen können, ist zum Beispiel unsere Kleidung. Wir können auch beeinflussen, was wir bei welchem Wetter tun, zum Beispiel dass wir bei einem Gewitter vielleicht doch lieber in der Halle klettern gehen anstatt am Berg oder dass wir bei Schneeregen den geplanten Waldspaziergang noch einmal verschieben und stattdessen mit einer warmen Tasse Tee in den Händen das Buch lesen, das wir schon so lange lesen wollten.. Und wir können beeinflussen, wie wir uns fühlen. Lassen wir uns von Dauerregen den Tag verderben? Oder sagen wir uns, dass wir es eh nicht ändern können, und planen um? Ähnlich verhält es sich bei großen Angelegenheiten, die sich manchmal äußerst schwer für uns anfühlen können, etwa Ungerechtigkeiten in der Welt, Hunger, Krankheiten und Tod. Dass es all diese Dinge gibt, liegt nicht in unserer Hand. Wir können uns noch so sehr innerlich mit diesen Dingen auseinandersetzen, das wird nichts daran ändern, dass es diese Ungerechtigkeiten in der Welt gibt.

Was wir jedoch in der Hand haben, ist, wie wir mit diesen Angelegenheiten umgehen.

Es liegt an uns, ob wir uns einer Hilfsorganisation anschließen, Geld spenden oder als Lesepatin eine Brennpunktschule besuchen. Wenn wir wollen, dass die Welt ein liebevollerer Ort mit mehr Zusammenhalt und Achtsamkeit wird, dann haben wir durchaus die Möglichkeit, uns dafür einzusetzen.

Das Gleiche gilt für unsere Mitmenschen: Oft glauben wir, wir müssten eine andere Person nur beharrlich genug bearbeiten, damit sie irgendwann so wird, wie wir sie haben wollen. Aber hat das jemals wirklich funktioniert? Und selbst wenn es für einen kurzen Zeitraum mal geklappt hat: Waren dann tatsächlich beide Beteiligten glücklich und zufrieden? Oder hat sich vielmehr eine von beiden Personen verstellt, um die Liebe und Anerkennung zu bekommen, nach der sie sich so sehr gesehnt hat?

Alianas Geschichte (s. Seite 63) beinhaltet einen weisen Kern: Ganz intuitiv hat sie gar nicht erst versucht, es irgendjemandem recht zu machen. Sobald ihre Entscheidung gefallen war, ihren Herzensweg zu gehen, war sie zwar nicht immun gegen die Hasskommentare, die ihr entgegenschlugen. Doch sie wusste, dass sie die anderen nicht ändern konnte. Das lag nicht in ihrem Einflussbereich. Also versuchte sie es auch gar nicht erst, sondern änderte stattdessen das, was in ihrem Einflussbereich lag: ihre Sichtweise.

Der automatisch ablaufende Verstand ist es gewohnt, sich innerlich in die Angelegenheiten anderer Menschen oder des Universums zu begeben. Das Problem dabei ist, dass wir dann nicht mehr für uns selbst da sein können. Und die Folgen davon sind drastisch: Wir fühlen uns allein, getrennt von der Welt und von den anderen, isoliert, ärgerlich, hilflos oder ohnmächtig. Was glaubst du: Wie oft bist du gedanklich in den Angelegenheiten anderer Menschen?

Übung: Beobachte dich

Werde dir bewusst, wie oft du dich in den kommenden Stunden in die Angelegenheiten anderer Menschen einmischst. Bemerke es einfach. Und notiere es dir am besten in deinem Journal, um es dir noch bewusster zu machen. Bemerke auch, wie du dich fühlst, wenn du dich in den Angelegenheiten anderer befindest.

Tatsächlich ist es so, dass wir uns häufig weit mehr als die Hälfte unserer Zeit innerlich in die Angelegenheiten anderer begeben. Und damit sind nicht die Momente gemeint, in denen wir aus unserem Herzen heraus überlegen, wie wir einer anderen Person etwas Gutes tun, ihr eine Freude machen oder ihr helfen können. Solche Momente führen sogar dazu, dass wir uns besser fühlen. Vielmehr sind die vielen Stunden des Tages gemeint, in denen wir andere Menschen beeinflussen wollen, zum Beispiel wenn wir wollen, dass unsere Tochter etwas unserer Meinung nach Vernünftiges mit ihrem Leben anstellen sollte. Es sind die Zeiten gemeint, in denen wir meinen, besser zu wissen, was für eine andere Person gut ist, etwa wenn wir der Überzeugung sind, dass sich unsere Mutter mehr um ihre Gesundheit kümmern sollte. Und es sind die Momente gemeint, in denen wir anderen die Schuld daran geben, wenn bestimmte Gefühle in uns auftauchen, beispielsweise wenn wir uns darüber aufregen, dass jemand intolerant ist, oder wenn wir gekränkt sind, weil uns jemand kritisiert hat. In all diesen Momenten sind wir nicht bei uns. Und wir verschwenden unseren Fokus und unsere

Energie an etwas Sinnloses. Wenn du dich im Alltag dabei ertappst, könntest du versuchen, dich ganz bewusst wieder mit dir selbst zu verbinden, etwa indem du für eine Minute oder auch länger deinen Körper bewusst spürst und dich auf deinen Atem fokussierst.
Mach dir bewusst: Es liegt nicht in deiner Macht.

Du kannst nicht kontrollieren, was andere tun, fühlen, sagen oder denken. Du kannst dich jedoch darum kümmern, was du tust, fühlst, sagst oder denkst.

Du kannst entscheiden, wie du mit einer Situation umgehen willst und wie du andere Menschen behandeln möchtest.

BEFREIE DICH VON BEGRENZENDEN GLAUBENSSÄTZEN

Stell dir einmal vor, zwei Personen möchten sich auf ihre Traumstelle bewerben, zufälligerweise ist es die gleiche Stelle, nur eine Person wird sie bekommen. Person A besitzt den geforderten Abschluss und auch einen Großteil der in der Stellenausschreibung angesprochenen Fähigkeiten. Das angebotene Gehalt kommt ihr ganz schön hoch vor. »Andererseits wird auch viel verlangt«, denkt sie sich. »Das darf sich ja durchaus in meinem Gehalt widerspiegeln. Meine Chancen sind genauso gut wie die jeder anderen Person. Das, was ich noch nicht kann, kann ich lernen. Ich muss es nur schaffen, das den verantwortlichen Personen im Bewerbungsgespräch überzeugend zu vermitteln.« Person A schickt ihre Bewerbung voller Vorfreude ab.
Person B besitzt ebenfalls den geforderten Abschluss und auch einen Großteil der in der Stellenausschreibung angesprochenen Fähigkeiten. Das angebotene Gehalt allerdings macht ihr Angst, weil es ganz schön

hoch ist. »So viel bin ich doch gar nicht wert«, denkt sie sich. »Außerdem ist das so ein beliebtes Unternehmen, wahrscheinlich bewerben sich Tausende auf diese Stelle. Da hab ich doch eh keine Chance. Ich sollte lieber nach etwas anderem Ausschau halten. Erst mal klein anfangen.« Person B bewirbt sich nicht auf die Stelle.

Wer von den beiden hat eine größere Chance, seine Traumstelle zu ergattern? Die Antwort liegt auf der Hand, denn Person B halten ihre inneren Überzeugungen, diese Stelle nicht zu verdienen, bereits davon ab, es überhaupt zu versuchen. Das Tragische an der Sache: Wahrscheinlich merkt Person B nicht einmal, wie ihre negativen Glaubenssätze ihr Handeln steuern und sie kleinhalten. Das ist sie, die Macht der Glaubenssätze. Kommt dir das bekannt vor? Lässt du auch manchmal Dinge unversucht, weil du denkst, du würdest es ohnehin nicht schaffen, oder nimmst dich zurück, weil du Angst davor hast zu scheitern? Vielleicht ist es dir gar nicht so bewusst, welche Auswirkungen deine Glaubenssätze auf dein Handeln haben. Schauen wir uns das daher einmal genauer an.

WAS SIND GLAUBENSSÄTZE?

Glaubenssätze sind innere Überzeugungen, die wir irgendwann in unserem Leben aufgesammelt und immer wieder in verschiedenen Situationen bestätigt haben. Dadurch glauben wir sie bis heute, meist ohne sie je infrage zu stellen. Das heißt, Glaubenssätze sind nicht nur einfache Gedanken wie »Ich verzichte darauf, diese Bewerbung zu schreiben« oder »Ich könnte meine Schwester mal wieder zum Kaffee einladen«, sondern es sind Überzeugungen wie »Ich bin nicht gut genug«, »Ich schaffe das nicht«, »Keiner mag mich« oder »Mit mir stimmt was nicht«. Glaubenssätze sind ein Gefühl von Gewissheit darüber, wie ich bin, wie die anderen sind oder wie die Welt ist. Vielleicht stellst du fest, dass einige der folgenden Glaubenssätze dein Erleben, zumindest in manchen Momenten, prägen.

Übung: Erkenne deine einschränkenden Glaubenssätze

Kreuze in den folgenden Listen die Glaubenssätze an, in denen du dich wiederfindest. Alternativ kannst du sie auch in deinem Journal notieren.

Die Klassiker

- ☐ Ich bin nicht gut genug.
- ☐ Ich bin nicht genug.
- ☐ Keiner mag mich.
- ☐ Die anderen lehnen mich ab.
- ☐ Ich gehöre nicht dazu.
- ☐ Ich werde nicht geliebt.
- ☐ So wie ich bin, kann man mich nicht lieben.
- ☐ Mit mir stimmt etwas nicht.
- ☐ Ich muss anders sein, als ich bin.
- ☐ Die anderen nehmen mich nicht ernst.
- ☐ Ich bin noch nicht so weit.
- ☐ Ich sollte weiter sein, als ich bin.
- ☐ Mir gelingt nichts.
- ☐ Ich bin unfähig.
- ☐ Es wäre besser, wenn es mich nicht gäbe.
- ☐ Es wäre besser, wenn ich nicht … wäre. (Beispiele: schwerhörig, chronisch krank, dunkelhäutig, homosexuell, introvertiert)
- ☐ Ich schaffe das nicht.
- ☐ Ich kann das nicht.
- ☐ Ich darf das nicht.
- ☐ Ich muss alles allein schaffen.
- ☐ Ich muss … sein. (Beispiele: perfekt, schön, attraktiv, stark, mutig, souverän)
- ☐ Ich darf nicht Nein sagen.

- ☐ Ich habe es nicht verdient, ... zu sein. (Beispiele: in einer glücklichen Beziehung, glücklich, erfolgreich)
- ☐ Das Leben ist gegen mich.
- ☐ Das Leben hat keinen Sinn.

»Ich bin ...«-Glaubenssätze

- ☐ Ich bin wertlos.
- ☐ Ich bin daneben.
- ☐ Ich bin peinlich.
- ☐ Ich bin verkorkst.
- ☐ Ich bin unfähig.
- ☐ Ich bin schuld.
- ☐ Ich bin eine Versagerin.
- ☐ Ich bin zu dumm.
- ☐ Ich bin zu dick.
- ☐ Ich bin zu dünn.
- ☐ Ich bin zu hässlich.
- ☐ Ich bin zu humorlos.

Es kann manchmal schockierend sein, bewusst zu bemerken, was wir unbewusst über uns denken. Falls das bei dir so ist: Nimm es als einen heilsamen Schock! Oft hilft es zu wissen, dass dir deine Glaubenssätze zu einem bestimmten Zeitpunkt in deinem Leben tatsächlich gedient haben. Vielleicht hast du in der Vergangenheit mit ihnen eine Erklärung für etwas gefunden und dich dadurch sicher gefühlt.
Die meisten dieser Gedanken haben wir bereits in unserer Kindheit angefangen zu glauben. Der Job des Verstandes ist es, zu beweisen, dass er recht hat mit dem, was er denkt. Das hat er auch mit diesen Gedanken gemacht – und so sind diese Gedanken zu Glaubenssätzen geworden, die uns selbst begrenzen und die unser Leben bis heute prägen.

Wir sehen die Welt und uns selbst fast immer durch die Brille unserer Glaubenssätze.

Diese Glaubenssätze bewerten andauernd, wie etwas ist, wie wir selbst sind – und was wir uns zutrauen oder nicht. Sie prägen unser gesamtes Erleben. Wenn dich beispielsweise der Glaubenssatz »Ich bin dumm« prägt, dann sind für dich andere Menschen intelligent, aber du nicht. Dass deine Intelligenz auf anderen Gebieten liegt als die von anderen, siehst du nicht. Und so traust du dir bestimmte Dinge nicht zu, fühlst dich von anderen Menschen als »dumm« abgestempelt und meidest vielleicht bestimmte Aktivitäten, weil du Angst hast, dich wieder deiner vermeintlichen Dummheit stellen zu müssen , dich vor anderen lächerlich zu machen und in irgendeiner Form zu versagen. Oder angenommen, du hast als Kind erlebt, dass dein Vertrauen missbraucht wurde, wodurch in dir der Glaubenssatz entstanden ist: »Ich kann anderen Menschen nicht vertrauen.« Nun begegnest du einem Menschen, der dir wohlgesinnt ist und der wirklich für dich da sein möchte. Dein Glaubenssatz jedoch »verbietet« es dir, das wahrzunehmen, denn du kannst dem nicht trauen. Also stößt du diesen Menschen von dir weg.

Überlege einmal, wie das nach und nach beeinflusst, wie du deine ganze Welt inklusive der Menschen wahrnimmst, die sich darin befinden. Durch die Entscheidungen, die du aufgrund deiner einschränkenden Glaubenssätze triffst, erlebst du das, was du erlebst. Auf dieser Grundlage machst du deine Schule zu Ende oder nicht, wählst du diese oder jene Ausbildung oder dieses oder jenes Studium, bewirbst du dich für diesen oder jenen Job und präsentierst im Jobinterview deine Qualitäten oder eben nicht. Und um beim Job zu bleiben: So erhält dann vielleicht eine Person, die eigentlich schlechter qualifiziert ist als du, deinen Traumjob, einzig weil sie einen Glaubenssatz weniger geglaubt hat als du.

Glaubenssätze erschaffen also deine Welt, sie prägen dein Erleben und auch, wie du dich fühlst. Denn natürlich löst es eine bestimmte Stimmung in dir aus, wenn du glaubst, du seist nicht gut genug. Hinzu kommt: Du denkst zu einem Großteil des Tages dieselben Gedanken. Sind die nun von negativen Glaubenssätzen bestimmt, wirkt sich das auch auf deine Gefühle aus. Du schwingst dich in einer eher negativ gehaltenen Stimmung ein. Dir geht es nicht so gut, du fühlst dich nicht gut genug und damit vielleicht auch ausgeschlossen, hilflos, machtlos und enttäuscht, weil sich dein Leben nicht so entwickelt, wie du es gern hättest. Wie sollte es das auch? Wir alle handeln nur in dem Rahmen, der zu uns passt. Und wenn unser Rahmen den Namen »nicht gut genug« trägt, dann sind auch unsere Handlungen und die Ergebnisse, die wir mit ihnen erzielen, nicht gut genug. Unser Leben ist am Ende des Tages eins zu eins eine Reflexion unserer Glaubenssätze.

Negative Glaubenssätze können sogar Auswirkungen auf unsere Gesundheit haben. Denn Gedanken, die uns kleinhalten und uns einreden, wir seien wertlos oder würden niemals das erreichen, was wir uns so sehnlichst wünschen, führen zu Stress. Viele unserer Zivilisationskrankheiten werden mit Stress in Verbindung gebracht, seien es Herz-Kreislauf-Erkrankungen, Diabetes, Magen-Darm-Erkrankungen oder Depressionen.

Ralf erzählt

Es gab eine Zeit in meinem Leben, da haben sich meine negativen Glaubenssätze so schmerzvoll angefühlt, dass ich keinen anderen Umgang sah, als mich mit Alkohol und anderen Drogen zu betäuben. Ich habe versucht, meine destruktiven Gedanken im Alkohol zu ertränken, damit sie endlich Ruhe geben. Das funktionierte natürlich nur kurzfristig. Am nächsten Morgen waren meine einschränkenden Glaubenssätze so laut wie eh und je.

WIE ENTSTEHEN GLAUBENSSÄTZE?

Ein Kind kann noch nicht entscheiden, was von dem, das ihm gesagt wird, sinnvoll für es ist und was nicht. Es beruft sich auf die in seinen Augen weisen Erwachsenen, denn sie müssen ja wissen, wie das Leben geht. Geben diese Erwachsenen dem Kind dann zu verstehen, dass es nicht gut ist, so wie es ist, kann sich das in Form von Glaubenssätzen in ihm festsetzen. Das muss von den Erwachsenen nicht einmal beabsichtigt sein.

Nehmen wir an, du bist ein kleines Kind und ein Geschwisterkind wird geboren. Schnell stellt sich heraus, dass es krank ist und besondere Fürsorge benötigt. Du als kleines Kind kannst es aber nicht einsortieren. Dein Verstand kann nicht sehen: »Oh, meine Eltern brauchen gerade mehr Zeit für das Baby, weil es nicht gesund ist.« Stattdessen versuchst du vielleicht mit Kraft, die Aufmerksamkeit deiner Eltern zu bekommen, hast aber dennoch stets das Gefühl, dass dein Geschwisterchen mehr Aufmerksamkeit bekommt – und womöglich ist das sogar so. Daraus schließt du dann Dinge wie: »Keiner mag mich. Ich bin wertlos. Ich bin allein. Ich bin nicht gut genug.« Und vielleicht auch: »Ich muss witzig sein, um Aufmerksamkeit zu bekommen. Ich muss mich für andere aufopfern. Ich muss anderen helfen. Ich muss gut sein, um Liebe zu bekommen. Ich muss erfolgreich sein, um gesehen zu werden.«

In der Folge sammelt dein Verstand immer mehr Beispiele dafür, dass das, woran du glaubst, der absoluten Wahrheit entspricht. Dadurch wiederum werden die Glaubenssätze immer mächtiger in dir. Sofern Kinder also niemanden in ihrem Umfeld haben, der die Dinge für sie richtigstellt, glauben sie relativ ungefiltert all das, was Erwachsene über sie sagen oder was sie in einer anderen »vertrauenswürdigen« Quelle aufschnappen, etwa in Filmen.

Ralf erzählt

Als meine Tochter Kaya zehn Jahre alt war, sahen wir zusammen die wunderbare Verfilmung des Erich-Kästner-Romans *Pünktchen und Anton* von Caroline Link. Ein paar Tage später kam Kaya auf mich zu und sagte wie aus dem Nichts: »Ich will nie reich werden.« Ich war verblüfft und fragte sie, wie sie darauf komme, woraufhin sie antwortete: »Ich will nie so werden wie Pünktchens Eltern.« Was war passiert? Das Mädchen Pünktchen wächst in wohlhabenden Verhältnissen auf. Allerdings arbeiten die Eltern viel und haben keine Zeit und auch kein Herz für ihre Tochter. Pünktchens Freund Anton dagegen hat eine Mutter, die an einer chronischen Erkrankung leidet, alleinerziehend ist und wenig Geld hat, aber ein großes Herz für ihren Sohn. Kaya hatte diesen Film nun gesehen und gleichgesetzt: Reich zu sein bedeutet, so herzlos zu sein wie Pünktchens Eltern. So wollte Kaya aber nicht sein. Sie wollte viel lieber so sein wie Antons Mama, denn die hatte ein großes Herz.

Zum Glück hat Kaya das damals angesprochen. So konnten wir darüber reden, und wir konnten Beispiele dafür finden, dass es durchaus Menschen mit viel Geld gibt, die für ihre Kinder da sind und wirklich tolle Sachen mit ihnen machen. Gleichzeitig gibt es auch Menschen, die wenig Geld haben und nicht liebevoll mit ihren Kindern umgehen. Ob jemand also gutmütig ist oder nicht, hat nichts damit zu tun, wie wohlhabend die Person ist.

So konnten wir den Gedanken, der sich bei Kaya nach dem Ansehen des Films geformt hatte, offenbar gleich auflösen.

Hätte Kaya das jedoch nicht angesprochen, hätte sich durchaus ein Glaubenssatz prägen können, nämlich: »Reiche Menschen sind herzlos.« Ergo: »Ich will nie reich sein. Wenn ich reich bin, bin ich herzlos.«

WIE KANNST DU DICH VON EINSCHRÄNKENDEN GLAUBENSSÄTZEN BEFREIEN?

Es gibt etliche Methoden, die versprechen, Glaubenssätze auflösen zu können. So kann es beispielsweise hilfreich sein, das eigene Energielevel anzuheben. Denn wenn man mehr in seiner Energie ist und insgesamt mehr Power hat, rücken die Glaubenssätze automatisch in den Hintergrund. Ein energievoller Mensch trifft kraftvollere Entscheidungen als ein geschwächter Mensch. Klingt logisch, oder? Viele der angepriesenen Methoden helfen mehr oder weniger gut. Wir haben viel geforscht – und die beste Methode, die wir kennen, um Glaubenssätze nachhaltig aufzulösen, ist The Work nach Byron Katie. Mit dieser Methode kannst du einen stressigen Gedanken oder Glaubenssatz auf seinen Wahrheitsgehalt überprüfen. Du kannst einerseits erleben, was es bewirkt, wenn du den Gedanken glaubst – denn das ist uns im Alltag ja oftmals gar nicht so bewusst –, und andererseits, wie oder wer du ohne diesen Glaubenssatz sein könntest. Mit The Work lassen sich Glaubenssätze und stressige Gedanken zudem umkehren.

> Dadurch kannst du erleben, dass das Gegenteil von dem, was du so lange über dich und die Welt geglaubt hast, möglicherweise viel wahrer ist.

Und dann findest du Beispiele dafür, inwiefern das wahrer sein könnte. Dieses Vorgehen ermöglicht es dir, freier zu werden von deinen negativen Glaubenssätzen und sie durch etwas Neues zu ersetzen. So könnte aus dem negativen Glaubenssatz »Ich bin nicht gut genug« der positive Glaubenssatz »Ich bin gut genug, so wie ich bin« werden, was wiederum weitere damit verbundene Glaubenssätze beflügeln kann, etwa »Ich bin es wert, geliebt zu werden« oder »Ich bin in der Lage, das zu schaffen, was ich mir vornehme«.

Natürlich lösen sich viele der Glaubenssätze, die der Verstand uns oft jahrzehntelang immer wieder eingeredet hat, nicht in einer einzigen Work für immer auf – obwohl auch das in Einzelfällen geschieht. Meist braucht es viele Wiederholungen, damit ein alter Glaubenssatz wirklich aus unserem Glaubenssystem herausgespült wird. Aber selbst dann ist The Work hocheffektiv. Nehmen wir mal an, ein Glaubenssatz müsste 28-mal mit The Work hinterfragt werden, bevor er sich von uns verabschiedet. Eine solche Work braucht etwa 20 bis 30 Minuten. Dann wären es also nur etwa zwölf Stunden, die du in dich investierst, damit du dein Leben ohne diesen Glaubenssatz endlich viel mehr so leben kannst, wie du es von Herzen gern möchtest. Wäre es das wert für dich?
Wie du The Work Schritt für Schritt anwenden kannst, erfährst du im nächsten Kapitel. Bevor wir damit starten, gibt es noch eine Work zu dem Glaubenssatz »Ich bin nicht gut genug«.

Work: »Ich bin nicht gut genug«

Finde einen Ort, an dem du für die nächsten 20 Minuten ungestört bist. Lege dein Journal bereit und notiere den Glaubenssatz »Ich bin nicht gut genug«. Überlege, welchen Bereich es in deinem Leben gibt, von dem du glaubst, du seist nicht gut genug. Vielleicht wuppst du viele deiner Lebensbereiche mit links, doch in einigen anderen Bereichen spürst du, dass du nicht in deiner vollen Power bist, dass du dich vergleichst und denkst, du seist nicht gut genug. Picke dir hier einen Lebensbereich heraus. *Das kann zum Beispiel sein: Ich bin nicht gut genug, um mich in einer bestimmten Angelegenheit zu behaupten.Ich bin nicht gut genug in dem Sport, den ich mache. Ich bin nicht gut genug, wie ich mit meinen Kindern umgehe; statt ihnen zuzuhören, werde ich schnell wütend. Ich bin nicht gut genug, wie ich in meiner Partnerschaft ständig Konflikte anspreche oder*

andersherum kaum dazu in der Lage bin, etwas auszusprechen, was mich stört. Ich bin nicht gut genug zu entscheiden, was ich beruflich wirklich machen möchte. Wähle dann, wenn möglich, eine konkrete Situation aus, in der du den Gedanken »Ich bin nicht gut genug« geglaubt hast. Notiere diese Situation.
Zu den Fragen werden einige Beispielantworten aufgeführt, die in Seminaren tatsächlich so geäußert wurden. Vielleicht helfen sie dir dabei, deine eigene Antwort leichter zu finden. Beantworte die Fragen aber immer erst einmal für dich. Decke die Beispielantworten dafür einfach mit einem Blatt Papier ab. Wenn du magst, kannst du sie dir dann anschauen und spüren, ob etwas davon eine Resonanz in dir auslöst.
Während du die Fragen beantwortest, bedenke, dass The Work ein meditativer Prozess ist, bei dem du in dich hineinhorchen und die Antworten bemerken darfst, die sich in dir zeigen. Es geht in einer Work nicht darum, irgendetwas zu erreichen. Vertraue einfach den Antworten, die sich in dir bemerkbar machen. Die Veränderungen finden dann von allein statt. Schreibe deine Antworten auf – dadurch wird die Work viel kraftvoller, als wenn du sie nur im Kopf machen würdest.

In deiner Situation: Du bist nicht gut genug.
1. *Ist das wahr?*
Antworte nur mit Ja oder Nein. Ein Ja oder ein Nein sind als Antwort gleich gut. Es kommt auf die Antwort an, die sich in dir bemerkbar macht. Falls du mit Nein antwortest, machst du direkt mit der dritten Frage weiter.

In deiner Situation: Du bist nicht gut genug.
2. *Kannst du mit absoluter Sicherheit wissen, dass das wahr ist?*
Antworte auch hier nur mit Ja oder Nein. Vertraue der Antwort, die sich in dir zeigt.

In deiner Situation: Du bist nicht gut genug.

3. *Wie reagierst du, wenn du den Gedanken glaubst?*

Bemerke deine Reaktionen, wenn du den Gedanken glaubst. Schließe gern deine Augen dafür. Notiere deine Antworten. Lass dich vielleicht durch die folgenden Beispielantworten inspirieren: *Ich bekomme Angst. Ich bin unzufrieden mit mir selbst. Ich ziehe mich zurück. Ich mache mich klein und werte mich ab. Ich vergleiche mich mit anderen. Ich bin traurig. Ich traue mir nichts zu.*

Unterfragen

In deiner Situation: Du bist nicht gut genug.

a) Wo spürst du es in deinem Körper, wenn du den Gedanken glaubst? Und wie fühlt sich das an?

Bemerke das, spüre es und notiere es. Beispielantworten: *Meine Schultern ziehen sich vorn zusammen. Es ist, als hätte ich einen Stein im Magen. Mir ist übel und mein Brustkorb ist eng. Mein ganzer Körper zieht nach unten Richtung Boden. Meine Herzgegend fühlt sich schwer an.*

b) Wozu bist du nicht in der Lage, wenn du den Gedanken glaubst?

Notiere deine Antworten. Beispiele: *Ich bin dann nicht kraftvoll zupackend. Ich kann mich nicht frei entfalten. Ich bin nicht in der Lage, größere Dinge anzugehen und auf mein Urteil zu vertrauen. Ich habe Schwierigkeiten, mich zu motivieren. Ich bin nicht in der Lage, in meine Selbstverantwortung zu gehen und aus dem Opferbewusstsein auszusteigen. Ich bin nicht in der Lage zu tun, was ich eigentlich tun will.*

In deiner Situation: Du bist nicht gut genug.

4. *Wer wärst du ohne diesen Gedanken?*

Angenommen, der Gedanke könnte gar nicht auftauchen. Wer wärst du? Erlebe dich ohne den Gedanken und notiere dann deine Antwort. Beispiele könnten sein:

Ich wäre unbeschwerter, fröhlicher, handlungsfähiger. Ich würde es einfach machen, wäre tatkräftig, freudvoll und experimentierfreudig. Ich würde mich nicht irritieren lassen, würde dranbleiben. Ich wäre frei.

Umkehrung ins Gegenteil

Ich bin gut genug.

Schließe deine Augen und nimm diese Umkehrung mit in die Situation, die du ausgewählt hast. Erlebe dich mit der Umkehrung in deiner Situation. Inwiefern könnte das wahr sein, dass du – so, wie du bist – gut genug bist? Lass dir Zeit, um zunächst deine eigenen Beispiele zu finden. Lass dich dann gern von diesen Beispielen inspirieren:

Ich bin einfach so, wie ich bin – und das ist gut genug. Ich denke über andere ja auch nicht, dass sie nicht gut genug sind, nur weil sie nicht in allem perfekt sind. Ich habe schon ganz schön viel erreicht für mich. Ich bin gut genug, weil ich die Erfahrung und Expertise habe. Ich bin gut genug, da ich mit den Startvoraussetzungen, die ich hatte, schon ganz schön weit gekommen bin.

Notiere zum Abschluss: Was nimmst du mit aus dieser Work?

Es kann sein, dass es dir schwerfällt, Beispiele für die Umkehrung zu finden. Dein Verstand hat schon seit vielen Jahren oder Jahrzehnten diesen Glaubenssatz immer wieder bestätigt. Es ist ganz normal, dass es etwas Zeit braucht, um echte, gute Beispiele für die Umkehrung »So, wie ich bin, bin ich gut genug« zu finden. Lege dir einen Zettel auf deinen Küchentisch oder deinen Nachttisch, schreibe »Ich bin gut genug« darauf – und dann lass los. Lass diese Umkehrung für die nächsten Tage weiter wirken und lass dich überraschen, welche Beispiele möglicherweise doch noch auftauchen. Notiere dir diese Beispiele nach und nach.

SEI DEIN EIGENER COACH MIT THE WORK NACH BYRON KATIE

Gedanken tauchen auf, und wir glauben sie ganz automatisch. Manche dieser Gedanken sind eher neutral, andere lösen schöne Gefühle wie Freude oder Dankbarkeit aus und wieder andere verursachen Stress. In The Work sprechen wir der Einfachheit halber oft dann von Stress, wenn uns ein Gefühl eher belastet und uns nicht gut fühlen lässt. Das umfasst dann also neben Angst auch Wut, Trauer, Scham, Enttäuschung und so weiter. Wenn ein Gedanke Stress auslöst, dann zeigt das an, dass wir einen Gedanken glauben, der für uns selbst nicht wahr ist. Wir würden das erkennen, wenn wir uns nur ausreichend Zeit nehmen würden, um diesen Gedanken für uns zu überprüfen. Wenn wir solch einen stressverursachenden Gedanken mit The Work überprüfen, dann kann das dazu führen, dass wir diesen Gedanken nach der Überprüfung nicht mehr glauben können – und wenn wir den Gedanken nicht mehr glauben, dann löst sich auch der Stress auf, den der Gedanke zuvor verursacht hat, und wir beenden den Schmerz, den wir uns zuvor selbst zugefügt haben.

Es ist nie eine Situation an sich, die sich schlecht anfühlt, es ist immer unsere Bewertung der Situation. Und, wie eben erwähnt, sind unsere automatischen Bewertungen für uns selbst oft gar nicht wahr, wenn wir sie uns näher anschauen.

Eine andere Art, das auszudrücken, ist: Wir leiden immer nur dann, wenn wir einen Gedanken glauben, der die Realität anders haben will, als sie ist. Mit The Work kommen wir in Kontakt mit unserer inneren Weisheit, die weiß, dass es nie wahr sein kann, dass etwas anders sein sollte, als es ist. Wir können das zwar denken – aber die Realität ist immer noch so, wie sie ist. Wenn es regnet, und wir wollen, dass es nicht regnet, haben wir den Kampf gegen die Realität verloren. Wenn wir glauben, unser Gegenüber hätte das nicht tun sollen, was es getan hat, dann haben wir verloren. Es ist schmerzvoll, Gedanken zu glauben, die die Realität anders haben wollen, als sie ist. Und es ist noch dazu hoffnungslos, da die Realität ja trotzdem so ist, wie sie ist, ganz gleich, was wir über sie denken. Wenn wir in irgendeiner Form Stress haben, dann können wir diese stressigen Gedanken notieren und sie dann, einen nach dem anderen, mit den Fragen und Umkehrungen The Work überprüfen. Das zeigt uns, was für uns wahr ist und was nicht. Wir erkennen, welche Auswirkungen es hat, diesen Gedanken zu glauben – und wozu wir nicht in der Lage sind, solange wir ihn glauben. Wir können erleben, wie viel freier unser Leben ohne den Gedanken wäre. Und wir können erforschen, ob die Umkehrungen zu dem Stressgedanken, den wir geglaubt haben, für uns möglicherweise mehr Sinn ergeben als der ursprüngliche Gedanke. So können wir Frieden finden mit dem, was ist, können die Verantwortung für unseren Anteil an der Situation erkennen und übernehmen und sehen Handlungsmöglichkeiten, die uns vorher nicht bewusst waren.

Vielleicht klingt es krass, aber wenn wir unsere negativen Gedanken automatisch glauben, sind wir ihnen ausgeliefert. Wir sind wie Sklavinnen unserer Gedanken. Die Gedanken haben die Macht über uns. Sie haben die Macht darüber, wie wir uns fühlen. Sie haben die Macht darüber, was wir uns zutrauen und was nicht, ob wir unseren Körper schön oder hässlich finden, ob wir uns gut finden, so, wie wir sind, oder uns ablehnen, ob wir hart gegen uns selbst sind oder ob wir uns – mit all unseren vermeintlichen Makeln und Macken – liebevoll annehmen können. Sie haben sogar die Macht darüber, ob wir eine andere Person in bestimmten Situationen wütend anschreien oder Mitgefühl mit ihr haben und erkennen, dass sie es gerade schwer hat.

Und wenn es wirklich mal eine Situation in unserem Leben gibt, in der wir uns nicht wohlfühlen, sei es in einer toxischen Partnerschaft oder in einer energiezehrenden Freundschaft, dann haben unsere Gedanken die Macht darüber, ob wir gut aus dieser Situation herausgehen oder in ihr verharren.

Das gilt übrigens sowohl für einfache Stressgedanken wie »Das hätte er nicht tun sollen« oder »Sie mag mich nicht« als auch für Glaubenssätze, mit denen wir alle in der einen oder anderen Form zu tun haben, wie »Ich kann das nicht«, »Mit mir stimmt was nicht« oder »Ich bin nicht liebenswert«. Zumindest in manchen Situationen glauben wir alle, dass wir so, wie wir sind, nicht gut genug sind. Selbstzweifel können natürlich auch manchmal hilfreich sein. Sie helfen uns, unsere Situation zu reflektieren, etwa indem sie uns zeigen, wo wir selbst meinen, uns noch entwickeln zu dürfen. Aber oft tauchen Gedanken, die Selbstzweifel auslösen, automatisch und immer wieder auf – und nicht nur dann, wenn wir eine Situation bewusst reflektieren. So nehmen uns diese Gedanken unnötig viel Freude am Leben und hindern uns daran, unser volles Potenzial auch nur annähernd zu leben.

Meist bilden sich solche Glaubenssätze, wie bereits erwähnt, schon in unserer Kindheit. Von da an halten sie uns klein. Sie begrenzen uns. Sie halten uns davon ab, das zu tun, was der lebendige, mutige Anteil in uns gern tun würde. Als Folge davon werden wir unzufrieden, sind frustriert, vielleicht sogar depressiv. Wir stehen nicht für uns ein. Wir leben nicht das Leben, das zu uns passt.

Ohne unsere stressverursachenden Gedanken könnten wir erkennen, dass wir frei sind und dass uns alle Möglichkeiten offenstehen. Und hier kommt The Work nach Byron Katie ins Spiel. Mit einer Work kannst du dich von der Macht, die die Gedanken über dich haben, befreien. Vielleicht ein kleiner Spoiler: Für viele Menschen gibt es ein Leben vor The Work und ein ganz anderes, leichteres und glücklicheres Leben nach The Work.

WAS IST THE WORK?

Byron Katie hat mit The Work eine wirkungsvolle Methode geschaffen, mit der wir uns von der Macht, die die Gedanken über uns haben, befreien können, indem wir sie hinterfragen. Mehr noch: Mit The Work haben wir die Chance, unsere stressverursachenden Gedanken überhaupt erst zu identifizieren, denn allzu oft laufen sie unbewusst ab. Egal ob dein ganzes Leben gerade eine einzige Katastrophe ist oder ob es nur ein Bereich ist, der nicht so gut läuft: Mit The Work kannst du dir das anschauen.

Das Vorgehen beim Überprüfen der Gedanken, das »Worken«, wie es auch genannt wird, ist erstaunlich einfach und trotzdem unglaublich transformierend. Durch das Worken können wir nämlich Schritt für Schritt freier werden von diesen automatischen Gedanken, die uns das Leben vermiesen. Das hat eine Kraft, die du dir vermutlich nicht annähernd vorstellen kannst, bevor du es selbst eine Zeit lang praktizierst. Es ist wirklich verblüffend, wie leicht das Leben sein kann, wenn wir diese alten, uns kleinhaltenden Gedanken nicht mehr glauben müssen. Wie viel innere Freiheit, wie viel innerer Frieden dann möglich ist. Denn wenn wir diese Gedanken nicht mehr glauben müssen, bleibt das übrig, was wir wirklich sind: präsentes Sein. Das hat einen Geschmack von purem Glücklichsein, von ungetrübter Freude, von bedingungsloser Liebe und von grenzenloser Weite. Hier ist alles möglich, alles ist okay, und das Universum ist freundlich.

Hier kannst du erkennen, dass du immer einen Weg finden wirst, mit Situationen umzugehen.

The Work unterstützt uns dabei, die limitierenden Gedanken bei den Wurzeln zu packen, und zwar in genau dem Moment, in dem wir angefangen haben, einen stressigen Gedanken zu glauben. Mithilfe von The Work wird dieser Gedanke hinterfragt und überprüft; es werden Alternativen zu unserem alten Denken gefunden, die für uns besser funktionieren. Anschließend *können* wir den vorherigen Gedanken, der uns vielleicht schon lange Zeit so wehtat, oft überhaupt nicht mehr glauben, weil er uns komplett absurd erscheint.

Manchmal geschehen große Veränderungen in einer einzigen Work zu einem bestimmten Thema. Es passiert immer mal wieder, dass sich große Themen ganz einfach auflösen, indem du einen Gedanken mit einer Work hinterfragst. Meist ist es aber ein schrittweiser Prozess. Dann hinterfragst du in mehreren Works ein Thema aus verschiedenen Blickwinkeln.

Das Wunderbare ist, dass du mit The Work *all* deine Gedanken hinterfragen und dich so aus ihrer Gefangenschaft befreien kannst. Du wirst erkennen, dass die Realität so ist, wie sie ist, egal was du von ihr hältst. Du wirst erkennen, was du ändern kannst und was du lernen darfst zu akzeptieren, weil es eben nicht in deiner Macht liegt, es zu ändern. Und du wirst erkennen, dass du so viel mehr Potenzial hast, deine eigene Realität zu gestalten, als du bisher angenommen hast. Solange du gegen die Realität ankämpfst, kannst du nur verlieren. Eben weil die Realität in diesem Moment immer schon so ist, wie sie ist. Wenn du sie jedoch annimmst, dann wird dein Denken klarer und du kannst dich fragen: Was ist jetzt dran? Was ist jetzt möglich? Wie kann mein nächster Schritt aussehen?

WAS BRAUCHST DU FÜR THE WORK?

Dein Wunsch, frei zu sein, wirkt wie ein Leuchtturm. Er hat dich dazu gebracht, dass du dich intensiv mit deinem Innenleben beschäftigst, weil du in deinem Innern weißt, dass du noch lange nicht dein volles Potenzial lebst. Um dich auf The Work einzulassen, braucht es nicht viel mehr, als dass du bereit bist, dich selbst und deine innere Freiheit wichtig zu nehmen. Na ja, und ein bisschen Zeit und die Bereitschaft hinzuschauen, um deinem Denken auf die Schliche zu kommen. Außerdem Stift und Papier und vielleicht noch eine gute Anleitung, wie du deine Gedanken hinterfragen kannst. Aber das ist wirklich schon alles. Mehr brauchst du nicht. Die ersten Punkte bringst du höchstwahrscheinlich bereits mit, denn sonst würdest du dieses Buch nicht in deinen Händen halten. Eine Anleitung erwartet dich auf den folgenden Seiten.

ANLEITUNG FÜR DAS ÜBERPRÜFEN EINES GEDANKENS MIT THE WORK

Wenn du eine Work machst, heißt das, du überprüfst und hinterfragst den stressverursachenden Gedanken oder den Glaubenssatz mithilfe der vier Fragen, oft auch einigen Unterfragen, und den Umkehrungen von The Work. **Ganz wichtig: Notiere deine Antworten, vielleicht auch nur in Stichworten. Das wird dir so viel mehr bringen, als wenn du versuchst, die Work im Kopf zu machen.**
Wie du die Gedanken identifizierst, die die Ursache für all deinen Stress sind, findest du ab Seite 106. Wir empfehlen, dir erst einmal die folgende Anleitung und die Beispiel-Work durchzulesen, dann einen Gedanken zu finden, der dir Stress verursacht, und diesen dann anhand dieser Anleitung schriftlich zu überprüfen.

Das Finden der Situation

Notiere den Gedanken (beziehungsweise den Glaubenssatz – und auch ein Glaubenssatz ist ja ein Gedanke), den du überprüfen willst. Es ist hilfreich, wenn der Gedanke möglichst kurz, klar und eindeutig formuliert ist. Beispielsweise sollte er kein »und« enthalten, da ein »und« zwei Sätze verbindet, was die Überprüfung spätestens bei den Umkehrungen verkompliziert.
Mache dir dann klar: Gibt es eine konkrete Situation in der Vergangenheit, in der du den Gedanken geglaubt hast und in der das stressig und schmerzvoll für dich war? Notiere diese Situation in Stichworten. Wo bist du in dieser Situation? Was ist direkt vorher geschehen? Es ist sinnvoll, die kleinstmögliche Zeitspanne als Situation zu nehmen.

Wenn möglich, die »eine Sekunde«, in der die Situation am schmerzvollsten für dich war. Wenn du dann die Fragen von The Work liest, beantwortest du sie aus dieser einen Sekunde heraus. Manchmal ist die Situation vielleicht etwas länger als eine Sekunde.

Du kannst übrigens auch eine Situation in der Zukunft auswählen: Angenommen, du hältst in Kürze eine Rede und es tauchen Ängste dazu auf. Vielleicht ist dein stressiger Gedanke dann: »Sie machen sich über mich lustig.« Dann wählst du die Situation so, wie du sie dir vorstellst, während du auf der Bühne stehst.

Ganz gleich, ob deine Situation in der Vergangenheit oder in der Zukunft liegt oder ob es sich um etwas handelt, was du jetzt gerade glaubst, etwa einen Gedanken wie »Ich schaffe das nicht«: Du beantwortest die Fragen immer in der Gegenwartsform, da du dich innerlich in deine Situation hineinversetzt und die Situation also (innerlich) jetzt ist. Und manche Gedanken überprüfen wir sowieso einfach im jetzigen Moment. Wenn du beispielsweise glaubst »Mir ist das alles zu viel« und das jetzt gerade aktuell ist, dann überprüfst du den Gedanken auch einfach in der Gegenwart. Die Hinweise in der Anleitung, dich auf deine Situation zu beziehen, ignorierst du in so einem Fall.

Die innere Haltung, in der du einen Gedanken überprüfst

Die Überprüfung deiner Gedanken mit The Work ermöglicht es dir, Zugang zu der tiefen Weisheit zu bekommen, die in dir auf dich wartet. Es ist deine eigene Weisheit, die dich befreien wird. Dafür ist es hilfreich, folgende Anregungen zu berücksichtigen:

- Lies die jeweilige Frage – und nimm sie wörtlich.
- Halte inne und bemerke die Antwort, die in dir auftaucht. Schließe gern immer wieder die Augen, wenn dir das hilft. Notiere dann deine Antwort.
- Wenn du versuchst, etwas zu verändern mit der Work, die du gerade machst, stehst du dir damit selbst im Weg. Was dann hilft:

Vergegenwärtige dir, dass es nicht darum geht, die Antwort zu überlegen, sondern sie in dir zu bemerken.

- Es gibt keine richtigen oder falschen Antworten. Vertraue einfach der Antwort, die in dem Moment für dich stimmig ist.
- Wenn du an irgendeiner Stelle gedanklich abschweifst, beispielsweise indem du den Gedanken, den du überprüfst, rechtfertigst, dann lade dich selbst sanft dazu ein, zur Work zurückzukehren. Wiederhole dafür einfach die Frage oder lasse dich wieder auf die Umkehrung ein, je nachdem wo du dich gerade in der Work befindest.

Das Überprüfen eines Gedankens mit den Fragen und Umkehrungen

In deiner Situation:

1. *Ist das wahr?*

Antworte auf diese Frage nur mit Ja oder Nein. Beide Antworten sind gleich gut. Es kommt auf die Antwort an, die sich in diesem Moment in dir zeigt. Falls deine Antwort Nein ist, gehe direkt zur dritten Frage. Ansonsten folgt die zweite Frage.

In deiner Situation:

2. *Kannst du mit absoluter Sicherheit wissen, dass das wahr ist?*

Auch hier antwortest du nur mit Ja oder Nein. Gehe dann weiter zur dritten Frage, egal wie deine Antwort lautet.

In deiner Situation:

3. *Wie reagierst du, wenn du den Gedanken glaubst?*

Bleibe bei *deinen* Reaktionen auf den Gedanken. Lass dir Zeit dafür, deine Antworten zu spüren. Komme zu deinen Reaktionen zurück, falls du bemerkst, dass du abschweifst. Um der dritten Frage mehr Raum zu geben, kannst du dich zum Abschluss auch fragen: Taucht sonst noch etwas auf?

Mögliche Unterfragen:

Du kannst nur bei den vier Fragen bleiben – oder eine oder mehrere dieser Unterfragen hinzunehmen. Ergänze auch zu jeder Unterfrage den Zusatz »In deiner Situation«.

a) Welche Gefühle tauchen auf, wenn du den Gedanken glaubst? Wie fühlt sich das an?

b) Wo spürst du es im Körper, wenn du den Gedanken glaubst – und wie fühlt sich das an?

c) Wie behandelst du die andere Person, wenn du den Gedanken glaubst?
Wie behandelst du sie – in der Realität oder vielleicht auch innerlich. Werde konkret.
Bemerke dann: Wie fühlt es sich für dich an, die andere Person so zu behandeln?

d) Wie gehst du mit dir selbst um, wenn du den Gedanken glaubst? Wie behandelst du dich dann? Was tust du dir sozusagen an mit dem Gedanken, den du glaubst?
Erlebe das – und bemerke dann: Wie fühlt es sich für dich an, so mit dir selbst umzugehen?

e) Bringt dieser Gedanke Frieden oder Stress?

f) Öffnet oder schließt es dein Herz, wenn du den Gedanken glaubst?

g) Wozu bist du nicht in der Lage, wenn du diesen Gedanken glaubst?

In deiner Situation:

4. *Wer wärst du ohne den Gedanken?*

Erlebe dich ohne den Gedanken. Wie wäre es, wenn der Gedanke gar nicht auftauchen könnte? Bemerke das für dich in deiner Situation. Vielleicht zeigt sich das nur kurz, das wäre okay. Ansonsten gib dem Raum, dich ohne den Gedanken zu erleben. Falls du hier keine Antwort findest (das braucht oft etwas Übung), kannst du direkt zu den Umkehrungen gehen.

Mögliche Unterfragen:
Mache gern einige Atemzüge lang diese Präsenzübung, bevor du dir eine oder beide der folgenden Unterfragen stellst: Schließe deine Augen und spüre deinen Atem. Jetzt, hier, in diesem Moment: Wie fühlt es sich an, da, wo der Atem den Körper bewegt?

a) In deiner Situation: Wer oder was *bist* du ohne den Gedanken?
b) Wer oder was *bist* du *jetzt, hier, in diesem Moment,* ohne den Gedanken?

Die Umkehrungen:
Nachdem du die vier Fragen und eventuell einige oder alle Unterfragen beantwortet hast, bildest du deine erste Umkehrung. Du kehrst also den Gedanken um. Es gibt meist drei Basisumkehrungen, die Anzahl und die Art der Umkehrungen hängen von dem Gedanken ab, den du überprüfst. Schauen wir uns die Umkehrungen mal für verschiedene Beispielsätze an:

Beispiel: »Er hört mir nicht zu.«

1. Umkehrung zu dir selbst: »*Ich* höre mir nicht zu.«
2. Umkehrung zur anderen Person: »*Ich* höre *ihm* nicht zu.«
3. Umkehrung ins Gegenteil: »Er *hört* mir zu.«

Beispiel: »Ich schaffe das nicht.«
Für Ich-Sätze gibt es oft nur eine passende Umkehrung:

1. Umkehrung ins Gegenteil: »Ich schaffe das.«

Hinweis: Die geführten Works in diesem Buch sind meist Glaubenssätze, die mit »ich« beginnen. Für solche Aussagen über dich selbst funktionieren die Umkehrungen zu dir selbst oder zur anderen Person in der Regel nicht. Manchmal gibt es aber noch eine andere mögliche Umkehrung, die du, wenn du es passend findest, ergänzen kannst.

Beispiel: »Ich bin nicht gut genug.«

1. Umkehrung ins Gegenteil: »Ich *bin* gut genug.«
2. Manchmal passt auch noch die Umkehrung zu »Mein Denken«: »*Mein Denken über mich* ist nicht gut genug.« Diese Umkehrung ist die Einladung zu bemerken, dass dein Denken in der Situation nicht hilfreich ist. Verurteile dich nicht dafür, du kannst nichts für deine Gedanken.

Bitte beachte, dass es bei den Umkehrungen nie darum geht, dich selbst zu beschuldigen. Eine Umkehrung wie »*Mein Denken über mich* ist nicht gut genug« kann insofern ein Hinweis darauf sein, dass du gut genug bist, aber dein Denken über dich in deiner Situation nicht mit dieser Realität übereinstimmt. Es ist gut, das zu bemerken. Und es ist kein Grund, dich deswegen niederzumachen oder zu verurteilen. Unsere Gedanken tauchen einfach auf, und wir glauben sie. Das ist komplett unschuldig.

Beispiel: »Ich muss mich anpassen.«
Gehe bei Ich-muss-Sätzen in dieser Reihenfolge vor:

1. Umkehrung ins Gegenteil: »Ich muss mich *nicht* anpassen.«
2. Umkehrung zu »Ich will«: »Ich *will* mich anpassen.«

Die nächsten beiden Umkehrungen können manchmal genial sein, oft sind sie aber nicht so relevant:

3. Umkehrung zu »Ich darf«: »Ich *darf* mich anpassen.«
4. Umkehrung zu »Ich kann«: »Ich *kann* mich anpassen.«

Beispiel: »Mein Körper sollte attraktiver sein.«

1. Umkehrung ins Gegenteil: »Mein Körper sollte *nicht* attraktiver sein.«
2. Umkehrung zu »Mein Denken«: »Mein *Denken (über meinen Körper)* sollte attraktiver sein.«

Entsprechend kannst du die Umkehrungen machen bei Works über Körperteile, Organe, Symptome oder Krankheiten. Du machst also erst mal die Umkehrung ins Gegenteil und dann die Umkehrung zu »Mein Denken« über das, worum es gerade geht. Also für den Beispielsatz: »Meine Migräne sollte verschwinden«:

1. Umkehrung ins Gegenteil: »Meine Migräne sollte *nicht* verschwinden.«
2. Umkehrung zu »Mein Denken«: »Mein *Denken (über meine Migräne)* sollte verschwinden.«

Erstaunlich oft können diese Umkehrungen ziemlich gut passen.

Bilde für deinen ursprünglichen Gedanken die erste Umkehrung. Notiere sie. Erlebe dich mit der Umkehrung in deiner Situation. Und falls es in deiner Work keine Situation in Vergangenheit oder Zukunft gab, erlebe dich einfach jetzt, in diesem Moment, mit der jeweiligen Umkehrung.

Finde dann Beispiele für die Umkehrung. Manchmal ist es gut, nur ein Beispiel für die Umkehrung zu finden, manchmal willst du vielleicht gleich zehn oder mehr Beispiele notieren. Als Anhaltspunkt hat es sich bewährt, drei Beispiele für jede Umkehrung zu finden. Lass dir Zeit dafür. Um Beispiele für die Umkehrung zu finden, kannst du die folgenden Fragen beantworten (nicht alle Fragen passen zu jeder Umkehrung):

- Wie ist diese Umkehrung in deiner Situation genauso wahr oder wahrer?
- Könnte das auch sein?
- Inwiefern wäre das eine gute Idee?
- Warum könnte diese Umkehrung für dich Sinn ergeben?
- Kannst du das (auch) finden?
- Und manchmal ergänzend auch: Wie könntest du diese Umkehrung ab jetzt leben?

Die Umkehrungen bieten dir die Möglichkeit zu erkennen, warum die Realität freundlicher ist, als du gedacht hast. Oder welche Aspekte du bisher übersehen hast. Oft spürst du in den Umkehrungen auch, worum es dir wirklich geht und wie du dein Leben wirklich leben möchtest. Die Umkehrungen laden dich dazu ein, genau hinzuschauen. Es geht nicht darum, dir etwas schönzureden. Und es geht schon gar nicht darum, dir selbst Druck zu machen oder dich selbst zu beschuldigen oder zu bestrafen. Falls trotzdem Schuldgefühle auftauchen, mache dir bewusst: In der Situation, für die du dich beschuldigst, konntest du es nicht anders machen, als du es gemacht hast. Wenn es dir wirklich möglich gewesen wäre, es anders zu machen, dann hättest du es anders gemacht, richtig? Mit den Gedanken, die du in dem Moment geglaubt hast, und mit den Gefühlen, die da waren, als du dich entschieden hast, so zu handeln, hattest du keine andere Wahl. Das Schöne ist: Die Vergangenheit ist vorbei. Du kannst in diesem Moment neu beginnen. Die Umkehrungen bieten dir eine alternative Sichtweise zu deinem bisherigen Denken an, die sich erfahrungsgemäß lohnt zu erforschen. Du musst die Umkehrungen nicht glauben. Die Einladung ist, sie auszuprobieren und zu testen, ob du durch sie etwas Hilfreiches erkennen kannst. Es geht um deine Selbsterkenntnis. Die Umkehrungen können dir etwas Neues zeigen, was wertvoll für dich sein könnte.
Zum Abschluss deiner Work zu einem Thema kannst du folgende Fragen beantworten:

1. Was nimmst du mit aus dieser Work?
2. Welche Umkehrung hatte am meisten Resonanz für dich?
   Wie kannst du diese Umkehrung ab jetzt leben?

Notiere dir auch das – und erinnere dich in den nächsten Tagen immer mal wieder an deine Learnings. Die Works wirken zwar von ganz allein, besonders bei hartnäckigen Themen kann es aber helfen, wenn du dich aktiv an die Umkehrungen oder die Learnings erinnerst. Schauen wir uns das an einer Work zu einem konkreten Gedanken an.

Beispiel-Work: »Luisa sollte für mich da sein«

Hier haben wir eine Beispiel-Work für dich, damit du miterleben kannst, wie The Work Schritt für Schritt funktioniert.

Die Situation

Ich hatte Luisa gefragt, ob sie heute oder morgen Zeit für mich hat, da es mir nicht gut geht. Ich saß in der Küche und las eine Nachricht von ihr. Sie schrieb nur kurz: »Tut mir leid, keine Zeit.« Ich war traurig und frustriert. Mein Gedanke war: »Luisa sollte für mich da sein.« Auch wenn sich das inzwischen etwas beruhigt hat, merke ich, dass ich immer noch reserviert bin, wenn ich an Luisa denke. Deswegen habe ich mich dazu entschieden, mir den Gedanken mit The Work anzuschauen.

In der Situation in der Küche: Luisa sollte für dich da sein.
1. Ist das wahr?
Natürlich sollte sie für mich da sein. Das wäre ein Ja. Ich weiß aber auch, dass sie gerade total viel zu tun hat. Das könnte ein Nein sein. Ich lasse mir etwas Zeit. Und lande letztlich bei einem Ja.

In der Situation in der Küche: Luisa sollte für dich da sein.
2. Kannst du mit absoluter Sicherheit wissen, dass das wahr ist?
Nein. Ich weiß einfach nicht, was bei ihr gerade genau los ist, da wir vorher schon ein paar Tage nicht miteinander gesprochen hatten. Vielleicht ist sie gerade voll gestresst. Also: Nein.

In der Situation in der Küche: Luisa sollte für dich da sein (und sie ist es nicht).
3. Wie reagierst du, wenn du den Gedanken glaubst?
Ich bin traurig. Fühle mich alleingelassen. Alles ist irgendwie dunkel und schwer. Ich fühle mich einsam.

Taucht sonst noch etwas auf? Ja, ich bemerke die Tendenz, wie ich das alles nicht fühlen will und am liebsten irgendeine Serie anmachen will.
(Ein Hinweis: Manchmal wird hier fälschlich die Frage beantwortet: »Luisa sollte für mich da sein – und sie ist es.« Sie war ja aber in meiner Situation nicht für mich da. Deswegen habe ich die Frage so beantwortet, wie es für mich war: »Luisa sollte für mich da sein – und sie ist es nicht.«)

Unterfragen:

a) In der Situation in der Küche: Luisa sollte für dich da sein – und sie ist es nicht: Welche Gefühle tauchen auf, wie fühlt es sich an, wenn du den Gedanken glaubst?
Ich bin traurig. Und auch ein Stück weit wütend. Ich habe Angst, dass wir uns voneinander entfernen. Das fühlt sich deprimierend an.

b) In der Situation in der Küche: Luisa sollte für dich da sein – und sie ist es nicht: Wo spürst du es im Körper, wenn du den Gedanken glaubst – und wie fühlt sich das an?
Mein Brustkorb ist eng, und ich habe einen Kloß im Hals. Mein ganzer Körper fühlt sich eingeengt und angespannt an.

c) In der Situation in der Küche: Luisa sollte für dich da sein – und sie ist es nicht: Wie behandelst du die andere Person, wenn du den Gedanken glaubst?
Einerseits ziehe ich mich von ihr zurück. Ich würde ihr am liebsten unter die Nase reiben, wie schlecht es mir gerade geht. Andererseits könnte ich sie schütteln. Ich verallgemeinere: Nie ist sie für mich da, wenn ich sie mal wirklich brauche. (Diesen Gedanken könnte ich in einer eigenen Work überprüfen.) Ich bin enttäuscht von ihr.
Bemerke dann: Wie fühlt es sich für dich an, sie so zu behandeln?
Schlecht. Ich tue ihr unrecht damit. Das macht mich traurig.

d) In der Situation in der Küche: Luisa sollte für dich da sein – und sie ist es nicht: Wie gehst du mit dir selbst um, wenn du den Gedanken glaubst?
Ich fühle mich noch schlechter als sowieso schon. Ich fühle mich allein. Ich bestrafe mich sozusagen mit Gedanken wie »Keiner mag mich«. Alles wird dunkel in mir, obwohl draußen die Sonne scheint.
Bemerke dann: Wie fühlt sich das an, so mit dir selbst umzugehen?
Ganz schlecht.

e) In der Situation in der Küche: Luisa sollte für dich da sein – und sie ist es nicht: Bringt dieser Gedanke Frieden oder Stress?
Stress.

f) In der Situation in der Küche: Luisa sollte für dich da sein – und sie ist es nicht: Öffnet oder schließt es dein Herz, wenn du den Gedanken glaubst?
Es verschließt mein Herz – ihr gegenüber und auch mir selbst gegenüber.

g) In der Situation in der Küche: Luisa sollte für dich da sein – und sie ist es nicht: Wozu bist du nicht in der Lage, wenn du diesen Gedanken glaubst?
Ich bin nicht dazu in der Lage zu sehen, dass Luisa gerade vermutlich richtig viel um die Ohren hat. Und dass sie in der Vergangenheit schon oft für mich da war, wenn ich sie gebraucht habe. Ich bin nicht in der Lage zu sehen, dass ich andere Freundinnen noch nicht kontaktiert habe. Und dass ich mich auch selbst gut um mich kümmern könnte. Ich könnte mir beispielsweise mal meinen ganzen Frust von der Seele schreiben und dann erst mal rausgehen in die Natur. Ich bin nicht in der Lage zu sehen, dass die Sonne scheint – und dass ohne meinen Gedanken über Luisa alles gut ist. Ich bin nicht in der Lage zu sehen, wie lieb ich Luisa habe.

In der Situation in der Küche: Luisa sollte für dich da sein.

4. Wer wärst du ohne den Gedanken?

Es wird ruhiger. Ich wäre freier. Klarer. Mehr bei mir. Mein Körper entspannt sich.

Unterfragen:

Ich mache die kurze Präsenzübung und spüre ein paar Atemzüge lang mit geschlossenen Augen, wie es sich anfühlt, da, wo der Atem meinen Körper bewegt. Das macht mich ziemlich still.

a) In deiner Situation in der Küche: Wer oder was *bist* du ohne den Gedanken, Luisa sollte für dich da sein?
Ich merke, ich sitze einfach auf dem Küchenstuhl – und das ist okay. Ich kann mich fragen, was kann ich jetzt für mich tun? Ich könnte Luisa eine Nachricht schreiben und sie fragen, wie es ihr geht.

b) Luisa sollte für dich da sein. Wer oder was *bist* du *jetzt, hier, in diesem Moment*, ohne den Gedanken?
Einfach da. Präsent. Ich kann mich umschauen. Es ist nicht mehr so dunkel. Ich nehme die Sonne wahr. Es ist friedvoll in mir. Ich spüre wieder mehr Energie. Ich bin zuversichtlich.

Die Umkehrungen

1. Umkehrung zu dir selbst: »*Ich* sollte für mich da sein.«

Ich nehme diese Umkehrung innerlich mit in meine Situation am Küchentisch. Ich gebe dem »Ich sollte für mich da sein« Raum. Es beginnt, Sinn für mich zu machen. Ich habe mich total von Luisas Reaktion abhängig gemacht. Es fühlt sich kraftvoll an, in der Situation zu erleben, dass ich für mich da sein sollte. Ich konnte das in der Situation zwar nicht. Aber es stimmt schon. Statt auf Luisa zu warten, könnte ich mir selbst erzählen, was mich gerade bewegt. Die beste Art, das zu tun, wäre, einfach alles aufzuschreiben. Das hat mir auch in der Vergangenheit schon ein paarmal sehr geholfen.

Beispiele für meine Umkehrung »Ich sollte für mich da sein«:

- *Ich* bin *da. Sonst ist gerade niemand da. Da bleibe also für den Moment nur ich selbst übrig, um für mich da zu sein.*
- *Ich habe eben schon erlebt, dass ich mich kraftvoll fühle, wenn ich für mich selbst da bin. Insofern macht das Sinn, für mich selbst da zu sein.*
- *Wenn ich will, dass es mir bald wieder besser geht, dann sollte ich jetzt damit anfangen, für mich selbst da zu sein, indem ich mich frage, was mir jetzt, in der Situation so, wie sie ist, am besten weiterhelfen würde.*

2. Umkehrung zur anderen Person: »Ich sollte für Luisa da sein.«
Erst bin ich etwas entrüstet, da ich sie doch brauche. Aber dann merke ich, dass ich ja gar nicht wissen kann, was bei ihr gerade wirklich los ist. Ich glaube es zwar nicht, aber es wäre nicht ausgeschlossen, dass es ihr sogar noch schlechter geht als mir gerade. Ich merke, ich will gern für sie da sein. Und das fühlt sich irgendwie gut an.
Beispiele für meine Umkehrung »Ich sollte für Luisa da sein«:

- *Ich habe bemerkt, dass ich gerade gar nicht weiß, wie es ihr geht. Ich würde das aber gern wissen – und gegebenenfalls wäre ich dann auch gern für sie da.*
- *Es fühlt sich einfach nicht stimmig an zu verlangen, dass sie für mich da sein soll, und noch nicht einmal zu wissen, wie es ihr gerade geht. Ich verlange von ihr etwas, was ich selbst gerade nicht gebe. Also will ich anfangen, für sie da zu sein, einfach indem ich sie erst einmal frage, wie es ihr gerade geht.*
- *Ich merke, dass es sich für mich selbst besser anfühlt, wenn ich mich nicht abhängig mache von ihr, sondern für sie gut da bin. Also will ich sozusagen schon aus purem Egoismus für sie da sein. Einfach, weil es sich für mich besser anfühlt, gut für sie da zu sein.*

3. Umkehrung ins Gegenteil: »Luisa sollte *nicht* für mich da sein.« *Puh, das ist erst mal gar nicht so einfach. Sie sollte nicht für mich da sein. Hm. Ich nehme auch diese Umkehrung innerlich mit in meine Situation, als ich in der Küche ihre Nachricht »Tut mir leid, keine Zeit« lese. Na ja, ich kann einfach nicht wissen, was bei ihr gerade los ist. Vielleicht gibt es nachvollziehbare Gründe, warum sie das in der Form geschrieben hat. Sie sollte nicht für mich da sein. Vielleicht, damit ich lerne, dass ich mir auch in dieser Situation selbst helfen kann.* Das ist ja schon ein Beispiel. Also los: Beispiele für meine Umkehrung »Luisa sollte nicht für mich da sein«:

- *Die Realität ist: Sie ist es nicht. Zumindest nicht in dieser Sekunde. Wenn ich aber will, dass sie für mich da ist, und sie ist es nicht, dann fühlt es sich schrecklich an. Ich lähme mich damit selbst. Das will ich aber nicht.*
- *Ich kenne ihre Situation nicht. Vielleicht geht es gerade wirklich nicht.*
- *Luisa hat mir eine kurze Nachricht geschickt – und alles andere war mein Film. Sie sollte nicht für mich da sein, weil ich dadurch erkennen kann, wie der ganze Schmerz in mir nur auftauchte, weil ich ihr unterstellt habe, dass sie gar nicht für mich da sein will. Es war alles nur meine Vorstellung – und nicht die Realität –, die zu meinem Schmerz geführt hat. Das ist gut zu erkennen.*
- *Dadurch, dass Luisa so geantwortet hat, wie sie es getan hat, kann ich erleben, wie ich für mich selbst gut da sein kann. Wie ich das umsetzen kann, was ich in den Beispielen zur ersten Umkehrung »Ich sollte für mich da sein« entdeckt habe.*

Abschluss deiner Work

1. Was nimmst du mit aus dieser Work?
   Viele neue Erkenntnisse und Perspektiven. Dass ich gar nicht weiß, wie es Luisa geht. Ich schreibe ihr gleich eine Nachricht und frage sie. Dass es mir wehtut, wenn ich will, dass Luisa

etwas tut, was sie nicht tut. Dass es eine Möglichkeit ist, für mich gut da zu sein – und dass ich das gar nicht erkannt habe, solange ich wollte, dass Luisa für mich da ist. Und dass ich mich nach der Work viel energiegeladener fühle als vorher. Ich fühle mich bereit, Schritt für Schritt zu tun, was dran ist.

2. Welche Umkehrung hatte am meisten Resonanz für dich? Wie kannst du diese Umkehrung ab jetzt leben?
   »Ich will, dass ich für mich da bin.« Ich kann das leben, indem ich mir jetzt Zeit nehme und meinen ganzen Frust aufschreibe. Und mir danach einen Sparziergang gönne. Und künftig: Indem ich meine Work mache, wenn es mir wegen irgendetwas schlecht geht.

Das war jetzt eine komplette schriftliche Work zu einem Gedanken. Immer wenn von nun an etwas schmerzvoll ist für dich oder du dich nicht gut fühlst, könntest du deine Gedanken aufschreiben und dir einen Gedanken herauspicken und ihn überprüfen. Die Anleitung dafür, wie du die stressigen Gedanken findest, findest du im folgenden Abschnitt.

SO FINDEST DU DIE GEDANKEN, DIE DIE URSACHE FÜR DEINEN STRESS SIND

Manche der Gedanken, die uns stressen, bemerken wir direkt – und können sie einfach notieren, um sie mit The Work zu überprüfen. Andere Gedanken sind eher unbewusst und nicht so offensichtlich. Es gibt verschiedene Möglichkeiten, die Gedanken zu finden, die die Ursache für all deinen Stress sind. Unsere »unschönen« Gefühle zeigen uns an, dass wir Gedanken glauben, die bei näherer Betrachtung für uns selbst nicht wahr sind. Wenn du also wütend bist, traurig, ent-

täuscht oder was auch immer, dann könntest du einfach deine Gedanken notieren und dann einen oder mehrere davon auswählen und mit einer Work überprüfen.
Auch aus der Liste der einschränkenden Glaubenssätze auf Seite 76 kannst du dir Sätze zum Worken heraussuchen. Die folgenden Übungen zeigen dir noch weitere Möglichkeiten, stressige Gedanken zu identifizieren.

Übung: Gedanken über andere Menschen oder über deinen Körper finden

Wenn eine andere Person mit im Spiel ist, kannst du Byron Katies Arbeitsblatt »Urteile über deinen Nächsten« ausfüllen und so die verschiedenen Gedanken entdecken, die du in einer stressigen Situation geglaubt hast. Du kannst das Arbeitsblatt ausdrucken oder es online ausfüllen. Den Link zu diesem Arbeitsblatt findest du im Anhang (s. Seite 206). Anschließend kannst du jeden der Punkte mit einer Work überprüfen – diese Übung kann eine wahre Offenbarung sein.
Hier findest du zwei der Fragen von dem Arbeitsblatt, die du dir stellen kannst, wenn jemand in irgendeiner Form deinen Nerv getroffen hat. Für den Anfang genügt es, damit zu beginnen.
Mache dir zunächst bewusst, was die Situation war, was die »eine Sekunde« war, die sich am schmerzvollsten für dich war anfühlte. Notiere dir die Situation in deinem Journal. Beantworte dann die folgenden Fragen.

- In dieser Situation: Wie willst du, dass er/sie sich ändert? Was willst du, dass er/sie tut? Verwende diese Formulierung und schreibe deine Liste: »Ich will, dass (Name) …«
- In dieser Situation: Welchen Rat würdest du ihm/ihr anbieten? »I(Name) sollte …« Schreibe deine Liste.

Jetzt kannst du den für dich stressigsten Gedanken auswählen. Achte darauf, dass dieser Gedanke möglichst kurz, klar und eindeutig formuliert ist. Überprüfe ihn dann mit der Work-Anleitung in der hinteren Umschlagklappe oder mit der etwas ausführlicheren Anleitung ab Seite 92. Das gleiche Vorgehen funktioniert auch, wenn du Stress mit deinem Körper hast. Dann setzt du statt des Namens der Person das ein, worum es dir geht, beispielsweise Körperteile (etwa Haare, Beine, Brüste), Organe (etwa Leber, Haut), Symptome (zum Beispiel Schmerzen, PMS, Müdigkeit, Taubheit, Kribbeln) oder Krankheiten (wie Migräne, MS, Krebs, Diabetes).

Du willst mehr?

Wenn du mehr über The Work wissen möchtest, empfehlen wir das Buch *Vier Fragen, die alles verändern: Das große Praxisbuch für The Work nach Byron Katie* von Ralf Heske. Hier findest du zudem eine detaillierte Anleitung, wie du mit diesem Arbeitsblatt eine gründliche Work machen kannst, sowie verschiedene praktische Anwendungsmöglichkeiten.

Übung: Mit der Bedeutungsliste Gedanken über Situationen finden

Es ist nie die Situation an sich, die unseren Stress verursacht, sondern immer unsere Bewertung der Situation, also unsere Gedanken. Mit der Bedeutungsliste kannst du dir dieser Bewertungen bewusst werden. Nehmen wir an, du hast eine Absage für deinen Traumjob bekommen. Der Satzanfang lautet in dem Fall: »Dass ich die Absage bekommen habe, bedeutet ...« Du kannst eine Liste erstellen, indem du alle Bedeutungen notierst, die auftauchen. Beispielsweise:

- Ich werde nie wieder so einen tollen Job finden.
- Ich bin einfach nicht gut genug.
- Ich kann mich nicht gut verkaufen.
- Ich bin eine Verliererin.

Anschließend suchst du dir eine Bedeutung heraus und überprüfst sie mit der Work-Anleitung in der hinteren Umschlagklappe oder mit der ausführlicheren Anleitung ab Seite 92 . Hier sind Beispiele für Situationen, zu denen du Bedeutungslisten schreiben kannst:

- Ich habe eine Prüfung versemmelt.
- Mein Partner oder meine Partnerin hat mich verlassen.
- Ich habe eine bestimmte Krankheit.
- Meine Brüste sind klein.
- Eine Person ist gestorben.
- Ich habe mich blamiert, als ich ... gemacht oder gesagt habe.

Übung: Mit der Befürchtungsliste deine Angstgedanken entdecken

Wenn du Befürchtungen über etwas hast, was in der Zukunft geschehen könnte, kannst du eine Befürchtungsliste schreiben, um dir darüber klarer zu werden, was genau du befürchtest – und um diese Gedanken anschließend mit The Work zu überprüfen. Geeignete Situationen für die Befürchtungsliste könnten sein: Du hast einen Auftritt oder sollst eine Rede halten, du hast ein Jobinterview oder eine Prüfung, du willst dich von jemandem trennen oder möchtest etwas Belastendes ansprechen – und das löst Befürchtungen in dir aus. Frage dich: Was könnte dann Schlimmes geschehen? Und schreibe deine Liste.

Wähle dann einen oder mehrere dieser Gedanken aus und überprüfe sie mit der Work-Anleitung in der hinteren Umschlagklappe oder mit der etwas ausführlicheren Anleitung ab Seite 92. Formuliere den Gedanken dafür in der Gegenwart, um für die Work aus Vermutungen und Gefühlen Tatsachen zu machen. Aus »Die anderen könnten sich lustig über mich machen« wird also »Die anderen machen sich lustig über mich, wenn ich das Lied singe«. Aus »Ich befürchte, dass ich nie wieder so einen tollen Job finde« wird »Ich werde nie wieder so einen tollen Job finden«.

ERKENNE, DASS DEIN KÖRPER EIN WUNDER IST

Für viele Frauen gibt es kaum eine schmerzhaftere Beziehung als die zu ihrem eigenen Körper. Unser Körper ist das, was wir der Welt als Erstes zeigen und was manchmal ungefragt kommentiert und bewertet wird. Kein Wunder also, dass unsere Wahrnehmung beim Blick in den Spiegel tendenziell fehlerorientiert ist. Ab einem gewissen Alter kommentieren wir jedoch selbst unseren Körper ständig, sogar dann, wenn es andere nicht tun. So sehen wir im Spiegel unsere etwas zu eng beieinanderstehenden Augen, doch wir sehen nicht unseren wunderschönen, strahlenden Blick, wenn wir uns enthusiastisch über ein Thema unterhalten, das uns begeistert. Wir sehen diese eine Haarsträhne, die nie dort sitzt, wo sie sitzen soll, und ignorieren den sommerlichen Glanz auf unseren Haaren, der sich nach einem wunderschönen Tag am See auf fast magische Weise darübergelegt hat. Oder wir sehen unseren etwas zu spitzen Mund und übersehen, wie die Worte, die ihm entweichen, anderen Menschen ein herzliches Lächeln auf die Lippen zaubern.
Das Problem ist ein altbekanntes: Unser Verstand ist darauf geschult, den Fehler zu finden, so auch bei unserem eigenen Körper, insbeson-

dere weil wir uns mit anderen Menschen vergleichen, sei es bewusst oder unbewusst. Liegt der Fokus jedoch zu sehr auf perfekten Äußerlichkeiten, ist es wenig überraschend, wenn die wenigsten von uns es schaffen, ein realistisches Körperbewusstsein zu entwickeln. Dabei kann ohne ein positives Körperbild auch kein positives Selbstbild entstehen. Grund genug also, das eigene Bewusstsein in Sachen Körper zu schulen und sich darüber Gedanken zu machen.

NICHT DEIN KÖRPER IST DAS PROBLEM, SONDERN DEINE GEDANKEN ÜBER IHN

Es gibt zwei Ebenen, wie wir unseren Körper wahrnehmen. Die erste Ebene ist das Körperschema. Wenn wir heranwachsen, lernen wir, ein Gefühl für unseren Körper und etwa seine räumliche Ausdehnung zu erlangen. So wissen wir beispielsweise, wie wir durch Türen zu gehen haben, um nicht gegen den Türrahmen zu stoßen, welche Pfützen wir sicher überspringen können, ohne nass zu werden, oder dass uns schwindlig wird, wenn wir uns ganz schnell im Kreis drehen.

Das Körperbild dagegen ist unsere mentale Einstellung gegenüber unserem Körper. Viele Frauen haben eine bestimmte Vorstellung davon, wie ihr Körper zu sein hat, etwa: Er hat fit, schlank, ebenmäßig und wohlgeformt zu sein. Solche Körpervorstellungen sind häufig in unserem Unterbewusstsein gespeichert und haben sich beeinflusst durch unser Umfeld, die Gesellschaft und die Medien entwickelt. So hat jeder Mensch und auch jede Ära feststehende Körperideale. Während beispielsweise das von der Gesellschaft aufgestellte Idealgewicht der Frau heute eigentlich nur mit mindestens leichtem Untergewicht zu erreichen ist, galt noch vor ein paar Hundert Jahren eine füllige Figur als das weibliche Ideal.

Wenn es nach den Medien geht, dürften Frauen weder altern noch Falten haben. Um das zu bestätigen, brauchen wir nur einmal einen Blick in Richtung Hollywood zu werfen. Dünne Haare oder Falten scheinen bei Schauspielerinnen undenkbar. Allmählich ändert sich das zwar, dennoch werden Mädchen und Frauen immer noch zu oft unrealistische, veränderte, unnatürliche, retuschierte, an den »richtigen« Stellen haarlose, schlanke, makellose, cellulitefreie, faltenlose, mit Haarverlängerungen bestückte und perfekte Körperbilder vorgesetzt. Gefiltert und gephotoshopt. Wie soll man da nicht anfangen, sich mit diesen scheinbar perfekten Körpern zu vergleichen? Und wie soll es möglich sein, bei diesem Vergleich gut abzuschneiden?

Wir selbst übernehmen oft ein Idealbild der Frau, das schlichtweg unerreichbar und in vielen Fällen auch absurd ist. Leider entwickeln wir die Vorstellung – auch indem wir uns mit unserem Umfeld vergleichen –, dass wir diesem Bild entsprechen müssten, um anerkannt und geliebt zu werden, von anderen und von uns selbst. Tun wir das nicht, fühlen wir uns hässlich und oftmals weniger wertvoll. Wir denken, unser Körper sollte anders sein, als er ist, empfinden ihm gegenüber negative Gefühle, vielleicht sogar Hass. Wir gewöhnen uns einerseits womöglich ein Vermeidungsverhalten an, gehen beispielsweise nicht mehr ins Freibad, weil wir uns zu dick fühlen, oder bleiben öfter zu Hause, um Situationen aus dem Weg zu gehen, in denen wir uns mit unserer Meinung nach schöneren Frauen vergleichen (die vielleicht sogar nur Instagram-Filter oder Photoshop verwendet haben) und dabei schlecht abschneiden. Vielleicht bestrafen wir uns unbewusst, boykottieren unsere Ziele oder nutzen ein vermeintlich entspannendes, aber schädliches Verhalten, um uns von unseren negativen Gefühlen abzulenken, etwa übermäßiges ungesundes Essen, Rauchen, Alkohol oder Binge-Watching. All das ist natürlich in keiner Weise hilfreich dabei, eine liebevolle Beziehung zum eigenen Körper aufzubauen. Und doch machen wir es – meist unbewusst.

Wenn wir uns unseres Körperbilds nicht bewusst sind, haben wir gar nicht so viele Möglichkeiten, es realistisch anzupassen. Dann kann es leicht zu Diskrepanzen zwischen unserem Körper und unserem Körperbild kommen. Wenn du dir zum Beispiel in den Kopf gesetzt hast, dass nur 50-Kilo-Frauen schön sind, du aber nicht dieses Gewicht hast, dann passt dein eigenes Bild nicht mit der Realität zusammen. Es findet eine Identifizierung mit Körperidealen statt, die du erreichen möchtest und von denen du gleichzeitig überzeugt bist, sie nie oder nur mit extrem harter Arbeit zu erreichen. Hier ist Stress vorprogrammiert, denn du überträgst deine negativen Gedanken über deinen Körper auf deine ganze Person: Du bist nicht schön. Du bist zu dick oder zu dünn. Du bist nicht liebenswert.

Lass uns ein kleines Gedankenexperiment machen: Stell dir vor, du stehst morgens auf und fühlst dich ausgeruht und es geht dir eigentlich gut. Du gehst beschwingt ins Bad, voller Freude auf den vor dir liegenden Tag. Du machst dich fürs Büro fertig und machst dir gar keine Gedanken darüber, wie du aussiehst. Du ziehst dich an, freust dich vielleicht sogar darüber, dass deine Lieblingshose dir heute besonders gut passt, und verlässt die Wohnung. Kaum vor der Haustür, läuft dir deine Nachbarin über den Weg. Offenbar kommt sie gerade von ihrer allmorgendlichen Joggingrunde heim. »Puh, joggen sollte ich auch mal wieder«, schießt es dir dumpf durch den Kopf. Ihr begrüßt euch freundlich und dann sagt deine Nachbarin zwinkernd: »Boah, du siehst aber fertig aus. Warst du gerade krank?« Während du noch perplex nach einer Antwort suchst, legt sie bereits nach: »Deine Jeans hat aber auch schon mal bessere Tage gesehen, sitzt etwas unvorteilhaft.« Bumm. Du stehst da wie vom Donner gerührt. Dir schießt der Gedanke durch den Kopf, dass irgendetwas an deinem Aussehen heute nicht stimmt. Bisher hattest du noch nicht wirklich darüber nachgedacht, es war alles okay. Letztendlich lächelst du nur matt, murmelst etwas wie: »Ja, viel Stress im Büro grad«, und machst dich auf den Weg zur Arbeit. Du glaubst, mit deinem Körper sei etwas nicht in Ordnung. Wie weggeblasen ist dein beschwingtes Gefühl vom Morgen, auf einmal fühlst du dich klein, hässlich und dick.

Viele von uns waren schon mal in einer ähnlichen Situation. Wir fühlten uns gut und mit uns im Reinen, und eine andere Person hat es ge-

schafft, dieses Gefühl mit einem Blick oder einer Bemerkung zunichtezumachen. Das ist einer der Beweise dafür, dass nicht der Körper das Problem ist, sondern dass Bemerkungen oder Blicke uns erst auf die Idee bringen, etwas Bestimmtes über unseren Körper zu denken. Sie rufen Gedanken hervor, seien es alte oder neue. Das Problem ist, dass Bemerkungen von außen, Vergleiche mit Körperbildern in den Medien oder die Barbies, die wir sicher alle besessen haben, negative Gedanken über unseren Körper hervorrufen und dass wir in der Folge denken, wir seien nicht liebenswert.
Zunächst einmal: Es ist eine Unart, wie sich die Nachbarin aus unserem Gedankenexperiment verhalten hat. So über den Körper eines Menschen zu sprechen, ist extrem respektlos.

Wir sollten niemals den Körper eines anderen Menschen bewerten, weder offen noch hinter dessen Rücken.

Selbst wenn wir ein Kompliment machen wollen, etwa weil jemand Gewicht verloren hat, sollten wir unseren Verstand dazu schulen, eher die Ausstrahlung, die Frisur oder die Kleidung positiv zu kommentieren. Natürlich darfst du einer anderen Person einen Hinweis geben, wenn etwas nicht stimmt – allerdings nur dann, wenn sie das selbst innerhalb von maximal einer Minute verändern kann, wenn sie also etwa ihre Jacke falsch geknöpft oder etwas zwischen den Zähnen hat. Das Problem ist nämlich: Meist kennen wir die andere Person nicht gut genug, um zu wissen, ob das, was wir gerade sagen, sie triggern wird. Wir wissen nicht, dass sie schon seit ihrer Kindheit unter ihren Augenringen leidet. Wir wissen nicht, dass sie mit schweren Traumata zu kämpfen hat, die aus welchen Gründen auch immer gerade wieder an die Oberfläche gekommen sind, weshalb sie in den letzten Wochen kaum einen Bissen runterbekam und so viel Gewicht verloren hat. Wir wissen nicht, dass sie sich vorher selbst hässlich fand und es ihr nun schwerfällt, diese Figur beizubehalten. Und wir wissen nicht, dass sie sich immer mit einem flauen Gefühl im Magen an dieses »Kompliment« erinnern wird, wenn sie wieder zugenommen hat.

Agatha erzählt

Ich dachte lange Zeit, ich sei zu dick. Wahrscheinlich entstand dieser Gedanke bereits in meiner Kindheit durch eine unüberlegte Aussage meines Vaters – und ich bin mir sicher, er wollte mich damit nicht kränken, sondern nur auf seine typisch väterliche Art schützen. So sagte er eines Nachmittags zu mir, ich solle nicht so viel Schokolade essen, denn sonst sehe mein Hintern bald aus wie ein dreitüriger Schrank. Der Samen war gesät. Ein paar Jahre später hörte ich den Jungen, in den ich damals verliebt war, zu seinem Kumpel über mich sagen: »Sie ist ja ganz süß, aber ihr Hintern ist schon ein bisschen fett.« Diese beiden Erfahrungen haben dazu geführt, dass ich wirklich lange dachte, mein Hintern wäre zu dick. Ich brauchte mein halbes Erwachsenenleben, um zu verstehen, dass das nicht der Fall ist. Und außerdem ist das auch der Beweis dafür, dass Körpertrends der Mode unterliegen, denn heute streben viele Frauen einen großen Hintern an und trainieren ihn sogar größer.

SO HINTERFRAGST DU DEINE GEDANKEN ÜBER DEINEN KÖRPER

Natürlich können wir die anderen Menschen nicht ändern. Doch wir können lernen, dass es *nicht* unsere Angelegenheit ist, was andere sagen, dass es jedoch *unsere* Angelegenheit ist, wie wir damit umgehen, was sie sagen. Und das tun wir, indem wir unsere Gedanken mit The Work

überprüfen. So kannst du deinen Körper nach und nach so zu schätzen lernen, wie er ist. Ohne deinen Körper könntest du weder denken noch sehen, fühlen, hören, riechen oder schmecken. Du könntest nicht auf Berge steigen, wärst nicht in der Lage, zu deinem Lieblingslied zu tanzen, und könntest nicht über Bücher in fremde Welten entschwinden. Wenn sich jemand negativ über deinen Körper geäußert hat und das für dich schmerzvoll war, dann könntest du diese Person mit der Anleitung auf Seite 107 verurteilen – und diese Gedanken mit einer Work überprüfen. Das ist manchmal enorm wirkungsvoll – auch für dein eigenes Körperbild.
Wie sieht dein inneres Körperbild aus? Die geführte Work, die du auf den folgenden Seiten findest, hilft dir dabei, deine Glaubenssätze in Bezug auf deinen Körper aufzudecken und zu überprüfen. Die Beispielantworten zu den jeweiligen Fragen können dir dabei helfen, eigene Antworten zu finden. Falls du dich von den Beispielen jedoch beeinflusst oder unter Druck gesetzt fühlst, decke sie gern mit einem Blatt Papier ab.

Work: »Mein Körper sollte anders sein«

Finde einen ruhigen, bequemen Platz, an dem du während der kommenden 30 Minuten ungestört bist. Halte dein Journal bereit. Bemerke und notiere, was dir an deinem Körper nicht gefällt. Das kann dein Körper allgemein sein, vielleicht findest du dich zu dick. Es kann bestimmte Körperteile betreffen, etwa dass du dir wünschst, deine Haut sollte reiner sein. Du kannst deinen Fokus aber auch auf bestimmte Symptome richten wie Schmerzen oder auf chronische Krankheiten. Was immer dich an deinem Körper stört, schreibe es auf. Vielleicht schreibst du: »Mein Körper sollte schlanker sein.« Oder: »Meine Knie sollten weniger schmerzen.« Oder auch: »Meine Haare sollten voller sein.« Du kannst jeden einzelnen dieser Gedanken mit einer Work überprüfen. Zunächst laden wir dich jedoch dazu ein, die Zusammenfassung all deiner Gedanken zu hinterfragen, nämlich die Aussage: »Mein Körper sollte anders sein, als er ist.«

Überprüfe diesen Gedanken mit der Work-Anleitung in der hinteren Umschlagklappe. Beziehe bei den Unterfragen zur dritten Frage folgende Frage mit ein: »Wie behandelst du den Körper, wenn du den Gedanken glaubst?« Kehre nach Abschluss der vier Fragen für die Umkehrungen hierher zurück.

Umkehrungen

1. Umkehrung ins Gegenteil

Wenn wir über den Körper worken, beginnen wir immer mit der Umkehrung ins Gegenteil. Das wäre hier: »Mein Körper sollte nicht anders sein, als er ist.« Oder positiv formuliert:

Mein Körper sollte so sein, wie er ist.

Notiere dir diese Umkehrung. Erlaube dir, sie wirklich zu fühlen und zu erleben. Schließe gern deine Augen dafür. Inwiefern könnte es sein: Dein Körper sollte so sein, wie er ist? Finde mindestens drei Beispiele dafür – gern auch mehr – und notiere sie. Du kannst dich auch fragen: Wofür könnte es auf lange Sicht gesehen gut sein, dass dein Körper jetzt gerade genau so ist, wie er ist?

2. Umkehrung zu »Mein Denken«

Mein Denken über meinen Körper sollte anders sein, als es ist.

Du setzt also »Dein Denken« da ein, wo dein Körper stand. Und du beziehst das Denken auf das, worum es in deinem ursprünglichen Satz ging. Also auf deinen Körper. Notiere dir diese Umkehrung. Inwiefern könnte das sein? Ergibt das auf irgendeine Art Sinn für dich? Bedenke: Diese Umkehrung ist sanft gemeint, es ist eine Alternative zu deinem bisherigen Denken, keine Aufforderung. Wenn dein Denken anders wäre, wäre dein Körper dann überhaupt noch ein Problem? Notiere deine Beispiele für diese Umkehrung. Frage dich zum Abschluss, was du aus dieser Work mitnimmst. Notiere es dir.

Es ist sicher erst einmal schockierend zu erkennen, was wir unserem Körper häufig antun. Doch das Denken meint es gut. Unser Verstand meint es nie böse. Er ist nie gegen dich. Er weiß es nur nicht besser. Mit The Work können wir unseren Gedanken zeigen, wie sie uns wirklich dienen können. Denn sie sind nicht unveränderlich. Wir können sie trainieren. Und Stück für Stück werden sie sich anpassen.

SCHRITT FÜR SCHRITT ZU EINER LIEBEVOLLEN KÖRPERBEZIEHUNG

Noch einmal: Dass wir uns hässlich fühlen, hat oft nichts mit unserem Körper zu tun, sondern mit den Gedanken über unseren Körper. Diese entstehen in uns selbst, werden aber häufig von außen angestoßen und entstehen durch Auslöser wie Bemerkungen, Spiegel, Kameras, die Medien oder Vergleiche mit anderen Menschen. Mit dir ist alles in Ordnung, selbst wenn du (noch) denkst, dass dein Körper nicht gut genug ist.

Es ist also höchste Zeit, genauer hinzuschauen. Der erste Schritt zu einem liebevollen Umgang mit dem eigenen Körper besteht darin, genau wahrzunehmen, wie dein Körper aussieht, was er alles kann, inwiefern er sich von deinem Idealbild unterscheidet und welche Gedanken das in dir auslöst. Der zweite Schritt ist, nachsichtiger mit deinem Körper zu sein und zum Beispiel den Fokus weg vom Aussehen hin zur Gesundheit und Leistungsfähigkeit zu verschieben, denn eines ist klar: Wir können unseren Körper nicht gesund hassen. Und wenn wir den Fokus verschieben, kann uns das dabei helfen, unseren Körper liebevoller, achtsamer und mit Respekt zu behandeln, ihn nicht zu überfordern und ihm das zu geben, was er für seine Gesundheit braucht.

Meditation: Körperliebe empfinden

Unter dem folgenden QR-Code und Link findest du die geführte Meditation »Körperliebe empfinden«, die dir auf zärtliche Weise zeigt, dass es noch andere Aspekte des Körpers gibt, auf die du deine Aufmerksamkeit richten darfst: www.unstoppable-buch.de

---

Zum Abschluss stellen wir dir noch eine Übung vor, die dir dabei hilft, deinem Körper von nun an liebevoll und dankbar zu begegnen.

Übung: Wofür bist du deinem Körper dankbar?

Schnapp dir dein Journal und schreibe eine Sache auf, für die du deinem Körper dankbar bist. Richte deine Aufmerksamkeit dafür auf die Dinge, die du an deinem Körper magst und für die du dankbar bist. Das können ganz kleine Dinge sein, etwa dass er Küsse spüren, Liebe empfinden, Kakao riechen und Kuchen schmecken kann. Mache diese Übung für die folgenden zwei Wochen jeden Tag. Mache die Übung zu einem festen Ritual in deinem Tagesablauf. Du kannst dein Büchlein dafür auf deinem Nachtschrank deponieren und jeden Abend vor dem Zubettgehen eine weitere Sache notieren, für die du deinem Körper heute dankbar bist.

Natürlich wirst du damit nicht gleich alle Glaubenssätze über deinen Körper los; es geht auch nicht darum, alles schönzureden. Vielmehr geht es darum, deinen Blick von dem, was dir an deinem Körper nicht gefällt, auf die Aspekte zu lenken, die dir gefallen. Die Übung wird dir dabei helfen, eine dankbare Perspektive einzunehmen, denn:

Du bist so viel mehr als ein Pickel auf der Nase
oder ein paar Dellen auf dem Oberschenkel.

Rufe dir das ins Bewusstsein. Wieder und wieder. Dann steht deinem positiven Selbstbild schon bald ein positives Körperbild zur Seite.

KOMMUNIZIERE LIEBEVOLL MIT DIR UND ANDEREN

Vielleicht ging es auch dir so, dass deine Eltern ihre liebe Mühe hatten, dich dazu zu bewegen, dein Zimmer aufzuräumen. Kinder reagieren selten auf ein freundliches »Räum doch mal dein Zimmer auf«. Die Strategie vieler Eltern ist daraufhin entweder Wut: »Jetzt räum, verdammt noch mal, endlich deinen Saustall auf!« oder Drohung: »Wenn du dein Zimmer nicht aufräumst, streichen wir dir dein Taschengeld.« Die Kinder antworten hierauf häufig mit Tränen der Verzweiflung, Niedergeschlagenheit – oder sie motzen zurück.
Unsere Kommunikation wirkt in zwei Richtungen. Zwischenmenschliche Kommunikation einerseits gelingt in dem Sinne, dass wir funktionierende Beziehungen haben. In unserem Aufräumbeispiel würde das optimal umgesetzt werden, indem die Eltern mit den Kindern in Kontakt treten. Zuhören, den Weg gemeinsam gehen, das Kind unterstützen, es liebevoll anleiten und sich anschließend vielleicht eine schöne Belohnung gönnen, motiviert wahrscheinlich mehr als Strenge

und Drohungen. Andererseits kommunizieren wir nahezu unablässig mit uns selbst. Es liegt auf der Hand, dass uns dieser Self Talk guttun, uns ermutigen und stärken sollte. Mal gelingt uns das ganz gut, manchmal wirkt es jedoch so, als hätte der Gedankenstrom, der den ganzen Tag durch unseren Kopf rauscht und uns unsere Fehler und Unzulänglichkeiten aufzeigt, überhaupt keine Pause. Beides, sowohl die Gespräche mit anderen Menschen als auch die mit uns selbst, basiert auf den gleichen Grundlagen.

»MANCHMAL MACHE ICH DEN MUND AUF, UND MEINE MUTTER KOMMT RAUS«

In unseren ersten Lebensjahren lernen wir Kommunikation in erster Linie von unseren Eltern. Zwar bringen wir alle unsere einzigartige Persönlichkeit mit auf die Welt, doch wenn es um Kommunikationsregeln geht, schauen wir uns ganz schön viel ab und lernen durch Nachahmung. Und auch wenn im Laufe unseres Lebens viele weitere Kommunikationslehrerinnen dazukommen, etwa Freundinnen, Lehrerinnen oder Autorinnen, so bleibt das, was wir in den ersten Lebensjahren gelernt haben, doch immer ein Stück weit in uns erhalten.

Viele Menschen bemerken das insbesondere, wenn sie selbst Kinder bekommen. Nicht umsonst gibt es den treffenden Spruch: »Manchmal mache ich den Mund auf, und meine Mutter kommt raus.« Solange wir dabei einfühlsam bleiben, können wir das durchaus mit Humor sehen. Doch oft gehören harte Worte, laute Befehle und demütigendes Schimpfen zum Aufwachsen dazu. Auch wenn die allermeisten Eltern in bester Absicht handeln und ihren Kindern nicht schaden wollen: Sie haben es schlicht selbst nicht anders gelernt. Insbesondere in stressigen Momenten – und Kinder können die Nerven ihrer Eltern ungewollt enorm strapazieren – greifen wir auf unsere Urmuster zurück und damit eben auch auf die Kommunikationsregeln, die wir von unseren Eltern gelernt haben. Insofern macht es Sinn, die Art, wie wir kommunizieren wollen, zu hinterfragen.

Wie willst du mit dir selbst kommunizieren?
Und wie willst du mit anderen kommunizieren?

Das sind Fragen, die sich die wenigsten von uns bisher bewusst gestellt haben, dabei wissen wir doch alle, dass Worte enorm viel Macht besitzen. Ruf dir noch einmal das Aufräumbeispiel in Erinnerung und überlege:

Wie oft nimmst du dich selbst eigentlich liebevoll an die Hand? Wie oft bist du in deinem Self Talk Elternteil und Kind zugleich?

Wir kennen das alle: Wir brüllen uns Befehle zu, setzen uns damit selbst unter Druck und wundern uns dann, warum wir resignieren. Es ist Zeit, das besser zu machen. Hierbei können uns die sechs Punkte einer gelingenden Kommunikation helfen. Natürlich lässt sich unser Kommunikationsverhalten uns selbst gegenüber nicht auf Knopfdruck ändern. Aber wenn wir keine Ausrichtung haben, wenn wir nicht wissen, was uns wirklich wichtig ist und was wir eigentlich nicht wollen, dann ist es auch schwierig, so mit uns selbst zu reden, wie wir es eigentlich gern tun würden. Schauen wir uns das an einem Self-Talk-Beispiel an, das vielleicht jeder von uns kennt. Angenommen, die jährliche Steuererklärung steht vor der Tür. Anstatt dir nun gedanklich in den Hintern zu treten, dir jegliches Netflixen zu versagen und dich womöglich sonntags um sechs Uhr in der Früh aus dem Bett zu schimpfen, könntest du auch folgendermaßen vorgehen:

Gelingende Kommunikation in sechs Schritten

Schritt 1: Zuhören. Frage dich: »Warum habe ich keine Lust auf die Steuererklärung? Was hindert mich daran, es einfach anzugehen?« Und dann höre dir zu.

Schritt 2: Eine wohlwollende Grundhaltung einnehmen. Vielleicht schiebst du die Steuererklärung vor dir her, weil du jedes Mal ewig recherchieren musst, was wo eingetragen wird und was überhaupt alles in die Steuererklärung gehört. Das kostet Zeit. Hab Verständnis für deinen Unmut; er ist nachvollziehbar.

Schritt 3: Den Fokus darauf richten, was funktioniert. Sicher fängst du nicht bei null an. Ein bisschen was ist womöglich aus den vergangenen Steuererklärungen hängen geblieben. Vielleicht hast du auch deine Belege das Jahr über so ordentlich abgeheftet, dass du hier bereits einen guten Zeitvorsprung hast. Auch das zählt!

Schritt 4: Bestärken und ermutigen. Sei deine eigene Cheerleaderin! Feuere dich an. Du hast deine Steuererklärung bis jetzt jedes Mal geschafft. Tschakka!

Schritt 5: Hindernisse aus dem Weg räumen. Dir fehlen grundlegende Kenntnisse? Besuche einen Kurs oder lies einen Ratgeber zum Thema. Dir fehlt generell die Zeit? Ein Steuerprogramm kann den Zeitaufwand senken. Du lässt dich zu leicht ablenken? Nimm dir eine Woche lang vor, jeden Abend zwanzig Minuten konzentriert an deiner Steuererklärung zu arbeiten. Du wirst erstaunt sein, was du in dieser Zeit schaffst.

Schritt 6: Eine Prise Inspiration und etwas Spaß. Wenn es für dich passt, dreh deine Lieblingsmusik auf, während du die Zahlen in den Computer tippst. Oder triff dich mit deiner besten Freundin und macht eure Steuererklärungen parallel gemeinsam. Und ganz wichtig: Belohne dich! Ob eine Massage, ein schönes Buch oder ein Waldspaziergang – du weißt am besten, womit du dich zum Durchhalten motivieren kannst.

Übung: Beobachte deine Selbstgespräche

Schnapp dir dein Journal und richte deine Aufmerksamkeit auf deinen Verstand: Wie hört sich die Stimme in deinem Kopf an, die all das kommentiert, was du tust oder wie du etwas tust? Wie klingt diese Stimme, die dich bewertet und beurteilt? Ist es deine eigene Stimme? Oder ist es eine andere Stimme? Ist diese Stimme männlich oder weiblich? Ist sie eher hart, befehlend und abwertend? Oder ist sie wohlwollend, bestärkend, ermutigend, einladend und inspirierend? Notiere das in deinem Journal. Du kannst die Stimme auch malen.

Bemerke, wie sich die Stimme in verschiedenen Situationen äußert. Es gibt Momente, in denen wir sanfter und freundlicher mit uns selbst umgehen, und es gibt andere Momente, in denen wir hart mit uns werden, etwa wenn etwas nicht gelungen ist oder wenn wir glauben, einen Fehler gemacht zu haben.

Beobachte die Stimme in dir. Würdest du so, wie du mit dir selbst redest, auch mit anderen Menschen reden, die dir am Herzen liegen? Und wie würdest du reagieren, wenn Menschen mit dir auf die gleiche Art reden würden, wie du mit dir redest? Würdest du das gut annehmen können? Wärst du dankbar, dass sie auf diese Art mit dir reden? Oder würdest du in den Widerstand gehen und es ablehnen und mit ihnen vielleicht gar nichts zu tun haben wollen?

Vielleicht ist es schmerzhaft für dich zu bemerken, wie du mit dir umgehst. Für viele kann das erst mal wirklich schockierend sein, sich darüber so bewusst zu werden. Wenn wir hart gegen uns selbst sind und uns unbedingt anders haben wollen, als wir sind, verhindern wir mögliche Veränderungen sogar. Und die Erkenntnis, was wir da mit uns selbst machen und was wir uns selbst antun, ist ein wichtiger Schritt, damit Veränderung möglich wird.

Wenn uns unsere Selbstgespräche unter Druck setzen, kann es hilfreich sein, die Gedanken zu notieren, die da auftauchen, und sie anschließend mit einer Work zu überprüfen. Ein Aspekt, wie wir hart mit uns selbst reden, sind Gedanken wie »Ich muss …«. Wenn du glaubst, du musst das und das noch tun, erhöht sich dein Stresslevel ganz automatisch. Das können noch so winzige Kleinigkeiten sein wie »Ich muss noch schnell den Müll rausbringen« oder »Ich muss noch schnell diese E-Mail schreiben«. Wenn wir das so sagen, erzeugt es Stress. Anders wäre es, wenn wir sachlicher mit uns reden würden, etwa: »Ich mache jetzt noch XY und dann gehe ich los.« Gleiche Tätigkeit, anderes Mindset. Schauen wir uns das »Ich muss …« einmal mit The Work an.

Work: »Ich muss …«

Wovon glaubst du, vielleicht auch »nur« immer mal wieder, dass du es in deinem Leben tun musst? Oder wie glaubst du, sein zu müssen? Erstelle eine Liste, etwa: »Ich muss Abendessen kochen«, »Ich muss arbeiten«, »Ich muss meinen kranken Vater pflegen«, »Ich muss mehr Sport machen«. Oder auch: »Ich muss gelassener werden«, »Ich muss eine gute Mutter sein«, »Ich muss netter zu meinen Eltern sein«. Wie immer, wenn wir versuchen, stressige Gedanken zu erkennen, geht es jetzt nicht darum, dass du dich selbst erklärst à la: »Ich weiß ja, dass man eigentlich nicht sagen sollte, man müsse etwas tun.« Lass es einfach so fließen, wie es kommt – und schreib alles auf. Jetzt kannst du den stressigsten Gedanken aus deiner Liste mit einer Work überprüfen. Notiere dir den Satz dafür in deinem Journal. Frage dich, ob du diesen Gedanken in einer konkreten Situation geglaubt hast. Dann notiere dir die Situation kurz. Meistens sind diese Ich-muss-Sätze auch einfach in unserem Leben jetzt gültig. Dann lässt du die Situation weg – und ignorierst es auch, wenn du in der Work-Anleitung an die Situation erinnert wirst.

Verwende für deine Work wieder die Fragen der Work-Anleitung in der hinteren Umschlagklappe – und komme wieder hierher zurück, wenn du bei den Umkehrungen angekommen bist.

1. Umkehrung ins Gegenteil

Die Umkehrungen sind bei den Ich-muss-Sätzen etwas anders. Wir beginnen hier immer mit der Umkehrung ins Gegenteil:

Ich muss das* nicht *tun. / Ich muss* nicht *so sein.

Je nachdem, wie dein ursprünglicher Satz formuliert ist, ist es eine der beiden Varianten. Notiere die passende Umkehrung. Beispielsweise wird »Ich muss mehr Sport machen« umgekehrt zu »Ich muss *nicht* mehr Sport machen«. Erlebe dich mit deiner Umkehrung, gegebenenfalls in deiner konkreten Situation und gern mit geschlossenen Augen. Erforsche, ob es auch wahr sein könnte. Könnte es sein, dass du das nicht tun musst oder dass du nicht so sein musst? Nimm die Umkehrung wörtlich, wenn du dich das fragst.

Beginne dann, dir mindestens drei Beispiele für deine Umkehrung zu notieren. Warum ist das auch wahr? Warum könnte das sein? Eine kleine Hilfestellung dazu: Wenn du beispielsweise glaubst, du müsstest zur Arbeit gehen, lautet die Umkehrung, du müsstest nicht zur Arbeit gehen. Nun könnte dein Verstand anmerken: »Natürlich muss ich zur Arbeit gehen, denn sonst verdiene ich ja kein Geld.« Aber wenn du es wörtlich nimmst: *Musst* du wirklich zur Arbeit gehen? Zwingt dich jemand auf Leben oder Tod, zur Arbeit zu gehen? Wahrscheinlich nicht. In der Realität *musst* du also nicht zur Arbeit gehen.

2. Umkehrung

Ich* will *das tun. / Ich* will *so sein.

Ersetze für die zweite Umkehrung dein »Ich muss« durch ein »Ich will«. Beispiel: »Ich *will* mehr Sport machen.« Notiere deine Umkehrung.

Erlebe dich mit dieser Umkehrung. Könnte das auch sein?
Notiere dir dann wieder mindestens drei Beispiele dafür, wie diese Umkehrung auch wahr ist. Manchmal kommst du vielleicht zu dem Schluss, dass du es willst, weil du dann vor anderen Menschen gut dastehst. In einer anderen Situation merkst du womöglich, dass du es wirklich von ganzem Herzen willst. Das ist beides okay.

3. und 4. Umkehrung
Ich* kann *das tun. / Ich* kann *so sein.
Ich* darf *das tun. / Ich* darf *so sein.
Diese Umkehrungen passen nicht immer oder zeigen uns oft nicht so viel Neues. Aber manchmal bringen sie uns wirklich gute Erkenntnisse. Probiere sie einfach mal aus. Bemerke, ob sie Sinn ergeben. Falls ja, inwiefern ergeben sie Sinn für dich? Erlebe dich mit der jeweiligen Umkehrung und notiere dann deine Beispiele.

Frage dich zum Abschluss, was du aus dieser Work mitnimmst. Notiere deine Antworten.
Wir empfehlen, immer wieder mal eine Ich-muss-Work zu machen, damit du dich von diesem harten Denken über dich selbst Schritt für Schritt befreien kannst.
Wenn du zwei, drei Works zu den Gedanken von deiner Liste gemacht hast, dann kannst du auch ausprobieren, wie das ist, wenn du deine gesamte Liste direkt mit den vier verschiedenen Möglichkeiten umkehrst: »Ich muss das nicht. Ich will das. Ich kann das. Ich darf das.« Erlebe jede der Umkehrungen und finde dann Beispiele dafür. Wenn die Umkehrung zu »Ich will« für dich stimmiger ist als dein ursprünglicher Ich-muss-Satz und du es wirklich von Herzen tun willst, dann kannst du dir hier auch schon die nächsten Schritte notieren. Beginne möglichst heute oder spätestens morgen mit der Umsetzung.

Solange wir glauben, wir müssten etwas tun, fühlen wir uns als Opfer der Umstände. Es erzeugt Stress und inneren Widerstand. Die Lust, das zu tun, sinkt auf ein Minimum. Wenn du bei der Arbeit sitzt und denkst, du seist nur da, weil du es musst, wirst du selten Energie für ein tolles Leben übrig haben. Wenn du erkennst, dass du – in Anbetracht der Umstände – jetzt bei der Arbeit sein *willst*, denn du bist da ja hingegangen und keiner hat dich körperlich gezwungen, dann bist du frei. Und hast viel mehr Energie, um dein Leben so zu leben, wie du es wirklich willst.

WÜNSCH DIR WAS UND LERNE, NEIN ZU SAGEN

Vielen Menschen fällt es gar nicht so leicht, klar darum zu bitten, was sie wollen. Das führt dazu, dass viele ihre Wünsche bereits zensieren, ehe sie überhaupt ins Bewusstsein dringen können. Insbesondere Frauen leben oft nach der Maxime: »Erst wenn alle anderen glücklich und versorgt sind, darf ich mich um mich und meine Bedürfnisse kümmern.« Dass das nicht unbedingt gesund ist, liegt auf der Hand. Kennst du das?

Hast auch du in manchen Bereichen deines Lebens das Gefühl, dich nicht so deutlich auszudrücken, wie du es gern würdest? In welchen Bereichen oder mit welchen Menschen willst du, dass etwas anders gemacht wird, und du sagst es nicht? Wo hast du Wünsche, im Leben, in deiner Beziehung oder in Bezug auf deine Sexualität?

Übung: Sei realistisch, wünsche groß!

Nimm dir in den nächsten Tagen immer mal wieder ein paar Minuten Zeit, in denen du innehältst und dir bewusst machst: Was wünschst du dir von oder mit anderen? Wenn du davon ausgehst, dass alles gelingt, was du willst, was würdest du dir dann wünschen? Und warum bittest du nicht darum? Wenn du dann bemerkst, du befürchtest beispielsweise, dass die anderen sich von dir abwenden, wenn du sie um das bittest, was du möchtest, dann könntest du den Gedanken »Sie wird sich von mir abwenden, wenn ich sie bitte, zusammen mit mir zu lernen« mit der Work-Anleitung in der hinteren Umschlagklappe überprüfen.

Genauso schwer fällt es den meisten zu kommunizieren, was sie nicht wollen. Sie befürchten, von anderen abgelehnt oder als fordernd wahrgenommen zu werden, wenn sie Nein sagen. Bestimmte Gedanken führen also dazu, dass wir nicht klar für uns einstehen. Noch schlimmer: Sie führen sogar dazu, dass wir oft nicht einmal mehr dazu in der Lage sind zu bemerken, ob etwas wirklich okay für uns ist oder nicht. Ein weiterer Grund, weshalb es vielen von uns schwerfällt, Nein zu sagen, ist, dass wir nicht wirklich gelernt haben, mit den anderen Menschen verbunden zu bleiben, wenn wir Nein sagen. Wir empfinden ein Nein als etwas, das uns von unserem Gegenüber abtrennt. Viele trennen sich sogar bewusst ab, um überhaupt ein Nein aussprechen zu können. Das fühlt sich nicht gut an. Hier wird unser urzeitlicher Instinkt angesprochen, dass es in der Gruppe sicherer ist als allein und dass wir deshalb besser dafür sorgen, mit den anderen Menschen verbunden zu bleiben. Die Folge: Wir gehen Kompromisse ein, die wir eigentlich nicht eingehen wollen. Frage dich einmal bewusst in konkreten Situationen, in denen du Ja sagst, obwohl du Nein meinst:

Bedeutet mein Ja zu den anderen ein Nein
zu mir selbst?

Die gute Nachricht ist: Du kannst Schritt für Schritt lernen, Nein zu sagen, ohne dich von deinem Gegenüber abwenden zu müssen. Natürlich, wenn jemand unverschämt zu dir ist, ist es wichtig, deutlich sagen zu können: »Nein, das lasse ich mir nicht bieten!« In den meisten Fällen macht es jedoch Sinn, zuzuhören, wohlwollend zu sein – und trotzdem Nein zu sagen, wenn du das so fühlst. Es hilft bereits, hier das kleine Wörtchen »aber«, das uns in Absagen oft über die Lippen kommt, durch »und« zu ersetzen, um die Verbindung aufrechtzuerhalten. Das lässt sich übrigens wunderbar in eine Formel packen:

Verständnis zeigen + »und nein« + einfache Erklärung
(+ optional eine Alternative) = authentisches und
freundliches Nein

Ausgesprochen könnte das so klingen: »Ich verstehe das, und nein, ich kann dir bei der Erstellung der Präsentation heute nicht helfen. (Ich kann dir eine ältere Präsentation von mir schicken, vielleicht hilft dir das bei der Vorbereitung.)« Im Kasten rechts sind ein paar weitere Ideen, die du so anpassen kannst, dass sie für dich stimmig sind.
Es hat sich bewährt, das Gegenüber in das Nein einzubeziehen. Gerade die Zusatzfragen wie »Was schlägst du jetzt vor?« sind in vielen Situationen hilfreich. Du brauchst dich nicht zu rechtfertigen. Doch auf Augenhöhe zu helfen und nach Alternativen zu suchen, kann schon viel bewirken. Oft findet man dabei gemeinsam eine Lösung, die beiden passt, und man erkennt: Es passiert ja gar nichts Schlimmes, wenn ich Nein sage.

Wie du Nein sagen und trotzdem verbunden bleiben kannst

Hier ein paar Beispielantworten: Ich merke, wie wichtig es dir ist. Und nein, ich kann dir heute nicht dabei helfen. Ich möchte pünktlich Feierabend machen.

- Ich verstehe, dass das blöd ist für dich – und nein, das passt heute nicht für mich.
- Ich schätze, was du sagst – und nein, ich schaffe es zeitlich nicht.
- Nein. Nicht böse sein. Ich brauche am Wochenende etwas Zeit für mich.
- Ich würde es dir so gerne recht machen – und nein, ich kann dir dabei nicht helfen.
- Ich habe Angst, dich zu enttäuschen, wenn ich Nein sage. Kannst du mir helfen, damit ich bei meinem Nein bleiben kann?
- Ich weiß es noch nicht, ich sage dir später Bescheid, okay?
- Ich weiß es noch nicht, kannst du mich bitte morgen noch einmal fragen?
- Danke – und nein, an diesem Wochenende passt das für mich leider nicht.
- Leider nicht. Danke, dass du mich fragst.
- Ich habe leider keine Zeit. Ich hoffe, du verstehst das.

Du kannst diese Antworten gegebenenfalls ergänzen mit:

- Es tut mir leid.
- Hast du einen anderen Vorschlag?
- Was schlägst du jetzt vor?
- Hast du eine andere Idee, wie du das hinbekommen kannst?
- Wie können wir das machen?

Lass uns das Ganze einmal an einer konkreten Situation aus deinem Leben mithilfe einer Work anschauen.

Work: »Es passiert etwas Schlimmes, wenn ich Nein sage«

Erinnere dich an eine Situation, in der du innerlich etwas nicht tun wolltest, in der du also eigentlich ein Nein in dir hattest – und trotzdem Ja zu etwas gesagt hast. Möglicherweise hast du dich einfach nicht getraut, Nein zu sagen. Vielleicht wolltest du es auch der anderen Person recht machen. Eventuell hattest du Angst, dein Gegenüber zu verletzen. Wähle eine Situation aus, in der es sich nicht gut angefühlt hat, Ja zu sagen, weil du innerlich ein Nein hattest.

Schließ dafür gern die Augen und mach dir bewusst: Wo genau bist du in dem Moment? Was ist direkt vorher passiert? Notiere dir diese Situation in deinem Journal. Nutze anschließend wieder die Anleitung in der hinteren Umschlagklappe für deine Work und komme dann hierher zurück für die Umkehrungen.

Übrigens kannst du die Work auch mit der ähnlichen Formulierung »Es passiert etwas Schlimmes, wenn ich um das bitte, was ich will« machen. In dem Fall erinnerst du dich an eine konkrete Situation, in der dich dieser Gedanke daran gehindert hat, um Hilfe oder darum zu bitten, dass dein Wunsch erfüllt wird.

1. Umkehrung ins Gegenteil

Es passiert nichts Schlimmes, wenn ich Nein sage.

Notiere diese Umkehrung und nimm sie mit in deine Situation. Erlebe dich damit. Schließe vielleicht die Augen dafür und frage dich: Könnte das auch sein? Finde dann mindestens drei Beispiele für diese Umkehrung.

2. Umkehrung ins Gegenteil (Variante)

Es passiert etwas Gutes, wenn ich Nein sage.

Erlebe dich auch mit dieser Umkehrung in deiner Situation. Finde dann mindestens drei Beispiele, warum das auch wahr sein könnte.

3. Umkehrung ins Gegenteil (Variante)

Es passiert etwas Schlimmes, wenn ich Ja sage. Oder:

Es passiert etwas Schlimmes, wenn ich nicht Nein sage.

Erlebe dich mit dieser Umkehrung in deiner Situation. Könnte das auch sein? Kannst du Beispiele dafür finden?

Frage dich zum Abschluss, was du aus dieser Work mitnimmst. Notiere dir deine Antworten.

MIT DEN RICHTIGEN FRAGEN ZU EINEM ERFÜLLTEN LEBEN

Oft stellen wir uns selbst Fragen, die uns nicht guttun, die uns nicht dabei unterstützen, ein Leben zu leben, das wir spielerisch genießen und feiern können. Wir wissen zwar oft schon, dass Fragen wie »Warum kriege immer ich das nicht hin?«, »Warum passiert immer mir das?«, »Warum stelle ich mich nur immer so dumm an?«, »Wieso sind die anderen immer besser als ich?« nicht hilfreich sind. Sie ziehen uns einfach nur runter. Trotzdem grübeln viele oft über solche Fragen nach. Wie wäre es, wenn du dir heute einmal Fragen stellst, die dir helfen, bewusster zu leben und in einen positiven Zustand zu kommen? Viele Menschen bauen das ganz bewusst in ihre Morgen- oder Abendroutine ein, indem sie sich beispielsweise morgens fragen: »Wofür bin ich dankbar?« Oder abends: »Was ist mir heute gut gelungen?« Nimm auch du dir einen Moment für dich, um dich mit den richtigen Fragen auf ein gutes Leben auszurichten. Ein Leben, das dir gefällt und das dich begeistert. Ideen gefällig?

Fragen, die dein Leben großartig machen können

Fragen für bestimmte Situationen:

- Die Realität ist, wie sie ist. Was mache ich jetzt daraus? Was ist mein nächster Schritt?
- Was würde die Liebe jetzt tun?
- Wenn alles, was geschieht, für mich geschieht: Wofür könnte das gut sein?
- Ist es verbindend oder trennend, wenn ich das jetzt sage? (Passt in ganz konkreten Situationen, bevor du etwas ausspríchst.)
- Das, was ich gerade glaube: Ist das wirklich wahr?
- Wie kann ich diesen Ort schöner verlassen, als ich ihn vorgefunden habe?
- Atme ich? (Hilft, um dein Bewusstsein auf den gegenwärtigen Moment zu fokussieren, wenn du beispielsweise außer dir bist.)

Fragen, die du dir täglich stellen kannst:

- Wofür bin ich dankbar?
- Was ist mir heute gut gelungen?
- Was habe ich heute Neues gelernt?
- Was will ich wirklich?
- Was sind meine Werte?
- Wie kann ich meine Werte leben?
- Wie begegne ich anderen würdevoll?
- Was kann ich für meine Beziehung tun?
- Was kann ich tun, damit es mir gut geht?

Indem du dir regelmäßig empowernde und richtungsweisende Fragen stellst, verbesserst du automatisch die Qualität der Kommunikation mit dir selbst und mit anderen. Manchen Menschen kannst du jedoch noch so liebevoll begegnen, sie sind und bleiben Arschlöcher, wie wir im nächsten Kapitel sehen werden.

GEHE ANGEMESSEN MIT KRITIK UM (UND MIT ARSCHLÖCHERN)

Kritisiert zu werden gehört zum Leben dazu. Deswegen ist es hilfreich, dass wir lernen, mit Kritik gut umgehen zu können. Es vergeht kaum ein Tag, an dem wir nicht kritisiert oder bewertet werden. Oft übernehmen das andere Menschen für uns: Lehrkräfte während unserer Schulzeit, unsere Chefin im Büro, unsere Freundinnen, Nachbarinnen oder irgendwelche fremden Menschen auf der Straße. Aber vermutlich ist dein eigener Verstand dein »bester« Kritiker – oder wie ist das bei dir? Vielleicht kennst du das ja auch: Du schreibst eine E-Mail und hängst versehentlich ein falsches Dokument an, was du erst in der Sekunde bemerkst, in der du den Senden-Knopf gedrückt hast. Noch bevor die Empfängerin auch nur reagieren kann, feuert dein innerer Kritiker bereits los: »Das war ganz schön unprofessionell! Was, wenn das jetzt etwas Vertrauliches gewesen wäre? Man prüft den Anhang ja auch immer noch mal, ehe man ihn abschickt.« Dieser schlaue Satz lässt sich übrigens beliebig auf andere alltägliche Situationen übertragen: »Man sollte echt erst mal nachdenken, ehe man den Mund öffnet.« Oder auch gern: »Man muss ja nicht immer gleich so gefühlvoll reagieren.« In diesem Kapitel soll es allerdings weniger um die Eigenkritik und mehr um den Umgang mit der Kritik anderer Menschen gehen. Wenn uns andere kritisieren, kann das entweder konstruktiv sein oder nicht berechtigt. Doch das ist im Grunde egal. Das eigentlich Spannende an der Kritik ist nämlich unsere Reaktion darauf.

WENN ES WEHTUT, KANNST DU ETWAS LERNEN

Wenn uns Kritik wehtut, dann fast immer deswegen, weil wir das, was kritisiert wird, auch schon über uns geglaubt haben – wir jedoch versucht haben, es vor uns selbst und vor den anderen zu verstecken. Wenn jemand das dann ausspricht, fühlen wir uns erwischt, gehen aber oft in die Verleugnung und greifen, vielleicht auch nur innerlich, die Person an, die diese Kritik äußert.

Nehmen wir einmal an, jemand kommt auf dich zu und sagt unaufgefordert: »Weißt du was? Ich finde alle Menschen mit braunen Augen irgendwie hässlich.« Hast du blaue Augen, wärst du wahrscheinlich verdutzt, weil du noch nie jemanden getroffen hast, der so denkt, würdest dir nicht weiter Gedanken darüber machen. Hast du dagegen braune Augen und fühlst dich wohl in deinem Körper, würdest du dich in diesem Moment vermutlich nur kopfschüttelnd fragen, wie dieser Mensch auf so eine Absurdität kommt. Vielleicht würde diese Aussage aber dennoch leise Zweifel in dir säen. Wenn du aber braune Augen hast und die selbst nicht so schön an dir findest und dir schon immer lieber blaue Augen wünschst, würdest du mit Sicherheit anfangen, an dir zu zweifeln, und die Kritik würde höchstwahrscheinlich etwas mit dir machen. Sie würde dich verletzen. Dein Verstand reagiert für gewöhnlich nämlich blitzschnell, bezieht die Kritik auf sich und fragt sich: »Könnte das wahr sein?« In den meisten Fällen passiert das automatisch. Die Folge: Alte Verletzungen treten an die Oberfläche und es tut weh.

Warum macht der Verstand das? Nun, wie wir bereits wissen, hat er in der Vergangenheit verschiedenste Glaubenssätze aufgebaut. Erwähnt nun jemand im Außen etwas, was für unseren Verstand stimmen könnte, dann gleicht dieser die Kritik mit unserem inneren Glaubenssatzsystem ab, nicht mit der Realität. Es kann auch sein, dass der Verstand eine Gedankenkette baut, und dabei ist es egal, ob die Kritik konstruktiv ist oder nicht. Das kann so aussehen: »Sie hat mich kritisiert. Ich bin nicht perfekt. Das hat sie gemerkt. Ich muss aber perfekt sein. Nie schaffe ich das. Ich bin nicht gut genug.« In dem Fall führt der Gedankenstrang nach einer Kritik zu »Ich bin nicht gut genug« und damit zu Schmerz.

Wenn uns also einer unserer Glaubenssätze wehtut, dann tut uns auch die Kritik weh, so absurd sie auch sein mag. Deshalb kann man sagen: Wenn es wehtut, kannst du was lernen. Denn dann hältst du es bewusst oder unbewusst für wahr, was jemand anderes sagt. Das ist wertvoll zu wissen, weil du so erkennst, wo du noch an deinem Selbstwertgefühl arbeiten darfst.

Wie sieht es mit ausschließlich konstruktiver Kritik aus? Sie ist ja eigentlich nicht dafür gemacht wehzutun, denn sie bezieht sich auf ein Ergebnis, nicht auf eine Person. Angenommen, wir haben für das nächste große Abteilungsmeeting eine Präsentation vorbereitet. Nun gibt uns unsere Chefin anschließend das Feedback: »Das war gut, aber bei diesen Zahlen hier kannst du noch präziser werden. Und hier wäre eine aktuellere Quelle hilfreicher gewesen.« Was du auf einer sachlichen Ebene weißt: Diese konstruktive Kritik soll dafür sorgen, dass du das Beste aus dir und deinen Fähigkeiten herausholst. Sie ist nicht persönlich gemeint. Was du jedoch denkst: »Meine Arbeit war nicht gut. Ich bekomme das nie wirklich hin. Wahrscheinlich bin ich nicht klug genug.« Diese Gedanken haben aber nichts mit der Kritik zu tun. Diese Gedanken basieren auf deinen inneren Glaubenssätzen.

Wenn du nach einer konstruktiven Kritik also eine Verletzung spürst, kannst du Folgendes tun: Du kannst den Wahrheitsgehalt der Kritik beiseiteschieben und dich fragen:

Warum bin ich verletzt? Was steckt dahinter?

Und wenn dann solche Gedanken kommen wie »Ich glaube, ich bin nie gut genug«, kannst du dich fragen, ob das wirklich wahr sein kann.

Wenn du solche Gedanken entdeckst, kannst du sie natürlich immer mit einer Work überprüfen. Wahrscheinlich wirst du aber auch so relativ schnell zu dem Ergebnis kommen, dass dieser Gedanke nicht wahr sein kann, weil es ein pauschaler Gedanke ist, der auf eine spezielle Situation bezogen wird. Du hast vielleicht hier und da Verbesserungspotenzial, aber du bist nicht pauschal »nicht gut genug«. Mit dieser neuen Einstellung kannst du die konstruktive Kritik dann viel besser annehmen und prüfen: »Ist das wahr, was da gesagt wird? Kann ich dadurch besser werden?«

Verletzungen können also immer als Chance gesehen werden, sich selbst besser zu verstehen und zu heilen, indem die schmerzhaften Gedanken verstanden und hinterfragt werden. Es ist immer eine Einladung, sich selbst und das eigene Selbstwertgefühl zu hinterfragen. Doch was ist nun, wenn es sich nicht um konstruktive Kritik, sondern um eine Beleidigung oder ein anderes schädigendes Verhalten handelt?

ES GIBT SIE WIRKLICH, DIE ARSCHLÖCHER (UND AUCH DU KANNST EINES SEIN)

Ja, es gibt sie, die Menschen, die andere demütigen, herabwürdigen, unhöflich und rücksichtslos behandeln, die anderen schaden wollen und die aggressiv und intrigant sind. Es gibt einfach Arschlöcher auf dieser Welt. Übrigens: Es ist ziemlich einfach, selbst zu einem Arschloch zu werden. Dem Autor Robert Sutton zufolge reicht es meist, den Druck auf Menschen zu erhöhen, ihnen Schlaf zu entziehen und sie grob zu behandeln. Wahrscheinlich kennst du das sogar von dir selbst, dass du viel gereizter bist und schneller aus der Haut fährst, wenn du eine schlaflose Nacht hinter dir hast. Oder wenn du einfach unterzuckert bist.

Man kann grundsätzlich davon ausgehen, dass Menschen, die sich verletzt fühlen, andere Menschen verletzen. »Opfer sind gewalttätige Leute«, sagt Byron Katie dazu. Oft ist es so, dass solche Angriffe mehr mit diesen Menschen zu tun haben als mit dem Gegenüber. Sie resultieren immer aus irgendeiner Art Unzufriedenheit oder einem Mangel an Selbstwertgefühl oder aus schädlichen Verhaltensweisen, die diese Person erlernt hat, die aber oft nichts mit dem Menschen zu tun haben, gegen den sich diese Angriffe richten.

Wenn wir davon ausgehen, dass alle Menschen mit ihren Handlungen entweder Freude erfahren oder Schmerz vermeiden wollen, ist auch für schädliches Arschlochverhalten der Grund darin zu finden. Die Person will den Druck in sich verringern, will sich besser fühlen und weniger Schmerzen haben. Ihr Mittel der Wahl, um das zu erreichen, ist, einer anderen Person wehzutun.

Was sagt uns das? Dass das Gesagte nichts mit uns zu tun hat, ja dass es nicht einmal der Wahrheit entspricht, wenn jemand Dinge zu uns sagt wie: »Die anderen sind viel besser als du. Das wird auch die Chefin bald einsehen, und dann bist du weg vom Fenster.« Oder: »Boah, du bist so dumm. Wie hast du nur deinen Schulabschluss geschafft?« Wenn uns solche Sätze verletzen, dann haben wir die Chance, den Anteil zu untersuchen, der uns verletzt hat und den wir offensichtlich glauben. Vielleicht sind wir in einer Familie aufgewachsen, in der es gang und gäbe war, Witze auf Kosten anderer zu machen und sich gegenseitig abzuwerten. Das kann im Laufe der Zeit schädigend für das eigene Selbstvertrauen sein. Es kann dann durchaus sein, dass dies Zweifel in uns gesät hat und dass wir uns noch heute fragen: »Ist es vielleicht wahr, was die anderen sagen? Irgendetwas muss ja dran sein, sonst würden sie es ja nicht behaupten.«

Und wie gehen wir nun mit destruktiver Kritik um? Zunächst können wir uns genau wie bei den Verletzungen aufgrund der konstruktiven Kritik fragen, was hinter unserem Schmerz steckt, um die Beleidigung so zu entkräften. Dann sind wir irgendwann vielleicht nur noch genervt von dem Verhalten, fühlen uns aber nicht mehr persönlich angegriffen. Damit sind wir zwar schon einen Schritt weiter, richtig schön fühlt sich das aber trotzdem nicht an, insbesondere wenn besagtes Arschloch vielleicht mit uns zusammenarbeitet und wir ihm somit tagtäglich begegnen. Denn sosehr wir auch unsere eigenen Reaktionen beeinflussen können, so haben wir keinerlei Einfluss auf das Verhalten der anderen. Wie können wir uns also vor den Arschlöchern dieser Welt schützen?

WEGLAUFEN IST DOCH ABER AUCH KEINE LÖSUNG, ODER?

Wenn wir wiederholt Unfreundlichkeit, Respektlosigkeit und Unsensibilität ausgesetzt sind, ist es völlig in Ordnung, sich von diesen Menschen abzuwenden. Mach dir bewusst: Du darfst dich abgrenzen, du darfst kündigen, und du darfst dir neue Freundinnen suchen, die deine Stärken zu schätzen wissen. Mehr noch: Um dich selbst zu schützen, ist es sogar unerlässlich, das zu tun. Vielleicht schüttelst du an dieser Stelle vehement mit dem Kopf, weil das beispielsweise bedeuten würde, deinen Partner oder deine Partnerin zu verlassen. Oder deine Eltern.
Zugegeben, es ist immer schwer, sich von einem oder mehreren anderen Menschen zu trennen. Falls dir das also unmöglich erscheint, kannst du dich stattdessen auch darauf konzentrieren, ein positives Gegengewicht zu schaffen oder eine Art Sicherheitsnetz zu kreieren.

> Hole dir Menschen in dein Umfeld, die dich stärken. Umgib dich mit Personen, die liebevoll und wertschätzend mit dir umgehen.

Und irgendwann, mit diesen neuen, dich unterstützenden Menschen an deiner Seite, kommt es dir vielleicht doch gar nicht mehr so unmöglich vor zu gehen. Denn es ist immer leichter, ein Umfeld zu verlassen, wenn man schon ein alternatives Umfeld vor sich sieht, als wenn man eine Gruppe in die Leere hinein verlässt. Vielleicht wirst du trotzdem Angst haben, einen Menschen, ein Umfeld oder eine bestimmte Situation zu verlassen, weil du die Konsequenzen fürchtest. Das ist völlig natürlich. Was dann hilfreich sein kann, ist, eine Liste zu erstellen, auf der du deine schlimmsten Befürchtungen notierst.

Übung: Was kann Schlimmes geschehen?

Nimm dein Journal und mache eine Liste, was alles Schlimmes passieren könnte, wenn du dich von dem Menschen oder dem Umfeld löst, der beziehungsweise das dir momentan nicht guttut – falls das gerade irgendwo in deinem Leben ein Thema ist.
Beispiele: *Wenn ich diese Beziehung verlasse, bin ich finanziell instabil und kann nicht selbst für mich sorgen.*
Wenn ich meine Freundinnen verlasse, werde ich ganz allein sein.
Suche nun für jeden Punkt drei Beweise, warum dieser Gedanke vielleicht nicht wahr sein könnte oder wie du ganz aktiv dafür sorgen könntest, dass dieser Gedanke nicht wahr wird.
Beispiele: *Mit einem Haushaltsbuch kann ich im Detail sehen, was ich verdiene und was ich ausgebe, und kann meine neue Wohnung und meinen neuen Alltag entsprechend planen. Und wenn es wirklich hart auf hart kommen sollte, kann ich immer noch finanzielle Hilfe beantragen.*
Ich weiß, dass Anna auch unter dem Ton in unserer Gruppe leidet. Ich könnte mich einmal mit ihr allein treffen und ihr meine Gefühle anvertrauen. Wenn sie dennoch in der Gruppe bleiben möchte, könnte ich einen Sportkurs besuchen, um neue Menschen kennenzulernen. Auch in den sozialen Medien gibt es für meine Stadt verschiedene Freundesgruppen. Ich könnte dort mal an einem Treffen teilnehmen und schauen, wie es mir gefällt.

Die Übung kann eine großartige Hilfe dabei sein, dem auf die Schliche zu kommen, vor dem du wirklich, wirklich Angst hast. Das Gute daran: Einmal aufgeschrieben sind die Befürchtungen raus aus dem Kopf. Du musst sie nicht weiter wälzen und wieder und wieder überdenken; du hast sie wahrgenommen, anerkannt und ihnen damit den nötigen Raum gegeben. Und wenn die befürchteten Konsequenzen tatsächlich eintreten, bist du bereits vorbereitet und hast sogar schon Lösungen parat.

Mach dir bewusst: Selbstliebe basiert darauf, dass du dich mit dir selbst wohlfühlst, dass du dich selbst schätzt, respektierst und für das anerkennst, was du bist. Um dieses Gefühl zu beschützen, suche dir Menschen, die ebenso denken und darauf achten, sich selbst zu respektieren und anzuerkennen, und die gleichzeitig versuchen, andere, also dich, zu schätzen, zu akzeptieren und anzuerkennen. Das bist du wert!

ENTDECKE EINEN NEUEN UMGANG MIT GEFÜHLEN

Was glaubst du, was war zuerst da: der Gedanke oder das Gefühl? Denke dafür vielleicht an eine Situation zurück, die dich empört oder beunruhigt hat: Kam zuerst das Gefühl und dann der Gedanke – oder umgekehrt? Nimm dir gern etwas Zeit, das für dich selbst zu erforschen, bevor du weiterliest.

Fast immer bemerken wir zuerst die Gefühle. Die sind einfach leichter zu erfassen. Ohne unsere Bewertung der Situation jedoch werden wir nicht die sogenannten negativen Gefühle erleben. Und unsere Bewertungen sind Gedanken. Wenn ich denke: »Das ist falsch, was sie tut«, dann werde ich ärgerlich, wütend oder sogar zornig. Und wenn ich denke: »Das ist schade, dass sie wegzieht«, dann werde ich traurig. Gefühle spiegeln unsere Gedanken also wider. Das lässt sich wunderbar mit einer Work beweisen. Angenommen, du bist wütend, weil deine Freundin eure Verabredung vergessen hat – und du denkst etwas wie: »Offenbar bin ich ihr nicht wichtig, wenn sie einfach so unsere Verabredung vergisst. Sie hätte das nicht vergessen sollen!« Wenn du den Gedanken »Ich bin ihr nicht wichtig« oder andere Wut erzeugende Gedanken, die dir in einer solchen Situation in den Kopf schießen, nun mit The Work überprüfst, kann es sein, dass du diesen Gedanken anschließend nicht mehr glauben kannst. Das passiert immer wieder, wenn wir Gedanken, die Stress in uns auslösen, mit The Work überprüfen: Wir können sie nicht mehr glauben. Und wenn du den Gedanken nicht mehr glauben kannst, dann kannst du wegen dem, was passiert ist, auch nicht mehr wütend sein. Die Wut braucht Gedanken, um bestehen zu können. Ist das nachvollziehbar für dich? Prüfe das gern in deinem eigenen Leben.

Wenn du also The Work in dein Leben holst und deine Gedanken immer mal wieder überprüfst (manche machen das als tägliche Übung, einfach, weil es so schön ist), dann wirst du immer weniger solcher Gedanken glauben. Das bedeutet, dass du weniger Wut, Traurigkeit, Angst oder Scham erleben wirst. Du wirst dich gedanklich immer seltener in den Angelegenheiten der anderen aufhalten und immer öfter Verantwortung für dein Leben übernehmen. Und wenn du die Realität so annimmst, wie sie ist, wenn du richtig findest, was passiert, dann kommt immer mehr Freude in dein Leben – und damit immer mehr kraftvolle Energie.

Wichtig ist: Es geht nicht darum, dass du all deine »negativen« Gefühle ausradierst, indem du dann immer sofort workst. Die Gefühle wollen auch gefühlt werden – dazu kommen wir gleich noch ausführlicher. Du kannst beides nutzen: Fühle immer mal wieder deine Gefühle – und überprüfe immer mal wieder deine Gedanken mit einer Work. Und wenn du workst, dann gib den Gefühlen in der dritten Frage »Wie reagierst du, wenn du den Gedanken glaubst?« Raum. Erlaube es ihnen, sich zu zeigen – und erlaube es dir, sie zu fühlen, bevor du dann zur nächsten Frage weitergehst.

WAS IST DEIN GRUNDGEFÜHL IM LEBEN?

Während uns positive Gefühle wie Freude, Liebe oder Dankbarkeit keine Probleme bereiten, stellen uns unsere sogenannten negativen Gefühle manchmal vor ganz schöne Herausforderungen. Unser Verstand ist nicht nur in Bezug auf unsere Gedanken ein Gewohnheitstier. Auch mit unseren Gefühlen beschreiten wir eingefahrene Wege. So haben wir alle ein Grundgefühl, in das wir »am liebsten« hineingehen, wenn wir einer herausfordernden Situation gegenüberstehen. Die einen reagieren mit Angst oder mit Scham, andere wiederum mit Wut oder mit Traurigkeit.

Übung: Entdecke dein Grundgefühl in stressigen Situationen

Was glaubst du, was ist dein Grundgefühl in stressigen Momenten? Wenn etwas nicht so läuft, wie du es gern hättest – wie reagierst du dann am häufigsten? Notiere es dir in deinem Journal. Beobachte auch in den kommenden Tagen und Wochen: Welches Gefühl suchst du dir unbewusst aus, wenn die Realität anders ist, als du sie gern hättest?

Übrigens ist es eine tolle Möglichkeit, mal deine Eltern, Geschwister, Freundinnen und Freunde zu fragen, welches dein Grundgefühl unter Stress ist. Andere sehen das manchmal klarer als man selbst.

Das zu bemerken, ist ein großer Schritt dahin, Verantwortung für deine Gefühle zu übernehmen und zu erkennen: Du bist nicht deine Gefühle. Du kannst wahrnehmen, welche Gefühle auftauchen – und du bist immer noch da. Unberührt davon. Wie die weiße Leinwand, auf der traurige oder lustige Filme abgespielt werden. Die Leinwand bleibt, auch wenn der Film vorbei ist. Und die Leinwand ist auch da, während der Film läuft. Unberührt – sogar von der wildesten Schießerei. Du bist diese Leinwand, das ist dein Zuhause. Und zu Hause kannst du es dir gemütlich machen und dir die Filme anschauen.

FÜHLE DEINE GEFÜHLE

Normalerweise wenden wir unbewusst zwei Strategien an, um mit sogenannten negativen Gefühlen umzugehen: Entweder wir lenken uns von unseren Gefühlen ab, oder wir leben sie aus, und zwar so richtig. Dass beides nicht ideal ist, sehen wir gleich. Und es gibt eine dritte Möglichkeit …

Ablenken, um Gefühle nicht zu fühlen

Oft versuchen wir, unsere Gefühle zu unterdrücken. Wir wollen sie weder fühlen noch wollen wir offen zeigen, dass wir diese Gefühle haben. Wir leugnen sie, schieben sie beiseite und versuchen, uns von ihnen abzulenken, indem wir irgendwas anderes tun, um diese Gefühle ja nicht fühlen zu müssen.

Letztlich können wir alles Mögliche machen, um unsere Gefühle nicht spüren zu müssen. Wir können exzessiv Sport treiben, eine Freundin anrufen, unsere Wohnung aufräumen oder uns in unsere Arbeit stürzen. Oft greifen wir zu kurzfristigen »Dopaminspritzen« in Form von Fast Food, Essen, obwohl wir eigentlich satt sind, Süßigkeiten, Alkohol, Cannabis, Nikotin, Social Media, Computerspielen, Nachrichten oder Binge-Watching.

Das kann sogar zu Süchten führen. Die Ursache für Sucht ist, dass wir stressverursachende Gedanken glauben, sich das schmerzvoll anfühlt und wir diesen Schmerz betäuben wollen. Wenn du die Work machst zu all den Situationen, die dir Stress bereiten, dann kann das nach und nach auch ungesunde Verhaltensweisen und Süchte auflösen. Generell gilt bei Suchtverhalten: Hole dir Hilfe. Im Internet findest du zahlreiche Anlaufstellen.

Gefühle ausleben, um sie nicht zu fühlen

Die andere Möglichkeit, wie wir üblicherweise mit Gefühlen umgehen, ist, sie übertrieben auszuleben. Es mag zunächst paradox klingen, doch auch das ist eine Möglichkeit, die Gefühle nicht fühlen zu müssen. Wenn wir zum Beispiel Scham fühlen, kann es sein, dass wir zum Overthinking neigen, dass wir grübeln, was alles anders sein sollte und mit uns nicht stimmt. Während wir uns hier zwar mit den Gedanken beschäftigen, die mit der Scham einhergehen, ist es dennoch eine Methode, um das reine Gefühl von Scham nicht fühlen zu müssen. Wir halten quasi unseren Verstand beschäftigt, um die konkreten Gefühle nicht wahrzunehmen. Andere Beispiele dafür sind, Traurigkeit mit einer Tendenz ins Drama auszuleben, sich in diesem Gefühl zu suhlen. Oder die Wut physisch rauszulassen und andere anzuschreien. Wirklich fühlen tun wir die Gefühle dann nicht.

Es lohnt sich, Gefühle zu fühlen

Warum kann es eine gute Idee sein, auch unsere »negativen« Gefühle zuzulassen? Einerseits verlernen wir das Fühlen von Gefühlen, wenn wir es nicht tun. Das ist vergleichbar mit einem Muskel, der nicht benutzt wird. In der Folge werden wir auch unempfänglich für Gefühle, von denen wir eigentlich gern mehr in unserem Leben hätten, etwa Freude, Dankbarkeit, Wertschätzung, bedingungslose Liebe und Glückseligkeit. Außerdem stauen sich nicht gefühlte Gefühle in unserem System an. Sie werden so zu Grundstimmungen, die sich bei manchen Menschen jahrelang durchs Leben ziehen, was nicht zuletzt körperliche Auswirkungen haben kann. Nicht zuletzt weisen unsere Gefühle uns auf ungelöste Themen hin, bei denen es sich lohnt, dass wir uns mit ihnen befassen, damit sie uns nicht unbewusst im Griff haben.

Eine Art, das Potenzial deiner Gefühle gut für dich zu nutzen, ist, sie als Hinweisgeber zu deuten.

Stell dir vor, dein Körper hat einen eingebauten Wecker, und wann immer er dir mitteilen will, dass du gerade im Begriff bist, einen Gedanken zu glauben, der nicht hilfreich ist für dich, schrillt der Alarm in Form eines Gefühls. Wie gesagt nehmen wir ja meist zuerst das Gefühl wahr und nicht den Gedanken. Wenn du also wieder einmal merkst, dass dir etwas peinlich ist oder dass du wütend bist, kannst du dieses Gefühl zum Anlass nehmen, deine Gedanken zu finden, zu notieren und sie dann mit einer Work zu überprüfen. Nutze dafür die Hinweise ab Seite 92. Wenn du deine Work machst, dann kannst du die Gefühle in der dritten Frage mit folgender Formulierung ausdrücklich einladen: »Angenommen, es gäbe einen sicheren Raum für alles – wie würden sich meine Gefühle dann zeigen? Was würde dann geschehen?« Sei bereit, alles zu fühlen, was dann auftaucht. Gib dem Zeit.

Die weitere Möglichkeit, mit deinen Gefühlen umzugehen, ist, sie direkt zu fühlen. Wenn du spürst, dass es dir nicht gut geht, dass du beispielsweise traurig oder in Rage bist, halte inne, bemerke die Gefühle und gib ihnen Raum. Lade sie ein, lass sie einfach da sein und spüre sie. Klingt leichter gesagt als getan? Hier kommt eine Schritt-für-Schritt-Anleitung.

Übung: Schritt für Schritt zum Fühlen

Schritt 1: Setz dich an einen ruhigen Ort, an dem du die nächsten zehn Minuten ungestört bist.

Schritt 2: Bemerke deine Körperempfindungen. Wie fühlt sich dein Körper an? Wo bist du vielleicht angespannt? Wo drückt oder zieht es?

Schritt 3: Entdecke das Gefühl, das gerade da ist, und benenne es.

Schritt 4: Erlaube dir, das Gefühl wirklich zu fühlen. Es ist ja sowieso schon da. Lade das Gefühl ein, ganz und gar da zu sein, heiße es willkommen, bitte es, jede Zelle deines Körpers zu durchdringen.

Schritt 5: Frage das Gefühl, was es von dir braucht. Halte inne, um zu bemerken, was sich zeigt. Vielleicht braucht es die Erlaubnis und den Raum, da sein zu dürfen. Vielleicht braucht es Wertschätzung von dir, dass es sich zeigt. Vielleicht braucht es deine Anerkennung, dass es nicht gegen dich, sondern auf deiner Seite ist.

Schritt 6: Frage das Gefühl, was sein Anliegen ist – was es also wirklich will. Lausche aufmerksam. Höre einfach nur zu. Vielleicht taucht etwas auf, vielleicht auch nicht. Es kann sein, dass du auch willst, was das Gefühl will. Dann kannst du einen Deal mit ihm machen, dass du dich darum kümmerst. Falls du nicht mit dem Anliegen des Gefühls übereinstimmst, könntest du es fragen, was es braucht, damit es okay ist. Wenn ihr euch gegenseitig zuhört, werdet ihr einen Weg finden, der für euch beide funktioniert.

Schritt 7: Sei offen dafür, dass sich, wenn du das Gefühl wirklich fühlst, darunter ein anderes Gefühl zeigt. So kann es sein, dass du dir erlaubst, deine Wut zu fühlen, und darunter Angst entdeckst. Wenn du dir dann erlaubst, auch die Angst zu fühlen, entdeckst du darunter vielleicht Hilflosigkeit. Wenn du dir erlaubst, all diese Gefühle zu fühlen, entdeckst du darunter vielleicht ein Gefühl, das du gar nicht richtig benennen kannst, vielleicht eine Art Nebel oder ein schwarzes Loch. Erlaube dir auch das zu fühlen. Lass dich in all die Gefühle oder auch in diesen Nebel hineinfallen. Es kann passieren, dass darunter ein Gefühl von Frieden, Weite, Klarheit und Freude auftaucht. Es ist nicht das Ziel dieser Übung, dorthin zu kommen. Aber ist es möglich, dass es geschieht.

Schritt 8: Notiere in deinem Journal, was du für dich aus dem Fühlen der Gefühle mitnimmst.

Gefühle wollen gefühlt werden. Der Stress, den wir in Bezug auf manche Gefühle oft empfinden, kommt daher, dass viele von uns nie gelernt haben, wie man eigentlich mit diesen negativen Gefühlen umgehen kann. Wenn wir offen dafür sind, unsere Gefühle zuzulassen, verlieren sie ihre Macht über uns. Wenn wir merken, dass wir in der Lage sind, die Gefühle zu fühlen, dann sind wir ihnen nicht mehr so ausgeliefert und es gibt keinen Grund mehr, uns von ihnen abzulenken. Im Gegenteil, wenn wir einen anderen Umgang mit Gefühlen kennenlernen, kann Traurigkeit sogar süß sein. Wut kann ein wunderbar dynamischer Ausdruck sein, Scham ein Hinweisgeber für persönliche Entwicklung, und sogar von Ängsten können wir uns inspirieren lassen. Wenn wir beginnen, unsere Gefühle als Freunde zu sehen, erkennen wir, wie sie einfach zur Lebendigkeit des Lebens dazugehören. Wir werden dann viel leichter in der Lage sein, Entscheidungen zu treffen, was uns auf vielerlei Weise helfen kann, ein gutes Leben zu leben. Wir bekommen Zugang zu unserer Lebensfreude, und wir bekommen Zugang zu dem, was wir wirklich sind, ohne unsere Gedanken und Gefühle: dem wahren Sein, das wir ausdrücken können als Freude, Liebe, Mitgefühl, Dankbarkeit und Glückseligkeit.

ANGST, WUT, TRAURIGKEIT, SCHAM UND SCHULDGEFÜHLE

Hier kommen ein paar Hinweise zum Umgang mit häufigen Gefühlen. Ganz wichtig: Es geht nicht darum, dass du anders werden solltest, als du bist. Es geht vielmehr darum zu erkennen, dass es verschiedene Möglichkeiten gibt, mit den eigenen Gefühlen umzugehen.

Angst

Grundsätzlich können zwei Arten von Ängsten unterschieden werden: die biologische und die psychologische Angst. Bei der biologischen

Angst besteht wirklich eine Gefahr für Leib und Leben, und es macht Sinn, dass unser Körper mit Adrenalin durchflutet wird und wir entweder kämpfen, fliehen oder uns tot stellen. Ängsten dieser Art begegnen wir in unserem Alltag für gewöhnlich eher selten.
Meist sehen wir uns mit psychologischen Ängsten konfrontiert, etwa wenn ein schwieriges Gespräch mit einer noch schwierigeren Person bevorsteht, wenn wir unter Prüfungsangst leiden oder wenn wir vor einem Bewerbungsgespräch ins Schwitzen kommen. Angst äußert sich körperlich auch dadurch, dass wir flacher atmen. Übrigens kann man andersherum mit einer flachen Atmung auch Ängste produzieren. Du findest in diesem Buch einige Übungen, die dir helfen, mit deiner Angst gut umzugehen:

- Eine kraftvolle Übung ist das tiefe Atmen in den Bauch hinein (s. Seite 161).
- Mit The Work (s. Seite 92) kannst du deine Angst auslösenden Gedanken überprüfen.
- Die Befürchtungsliste (s. Seite 109) ist eine Möglichkeit, diese Gedanken zu identifizieren.
- Auch die Dankbarkeitsübung auf Seite 173 hilft mittelfristig bei Ängsten. Es ist unmöglich, gleichzeitig dankbar und ängstlich zu sein.

Angst braucht immer die Grundannahme »Es kann etwas geschehen, womit ich nicht umgehen kann«. Wenn wir das nicht glauben würden, wie sollten wir dann Ängste haben? Deshalb kann es hilfreich sein, diesen Gedanken mit The Work zu überprüfen – am besten mit einer konkreten Situation aus deinem Leben, in der du etwas befürchtest und die darunterliegende Grundannahme bemerkst, dass etwas geschehen kann, womit du nicht umgehen kannst. Die Vergangenheit zeigt: Wir haben immer einen Weg gefunden, mit allem umzugehen, sonst wären wir nicht hier. Und trotzdem haben wir uns oft hilflos gefühlt und hatten Angst. Wir werden auch weiterhin immer einen Weg

finden, mit allem umzugehen. Die Übungen in diesem Buch helfen dir dabei, dass dir das leichter fällt.
Ängste im Alltag lassen sich zudem merklich reduzieren, wenn man darauf verzichtet, zu viele und ausführliche Nachrichten zu schauen, oder Krimis und Thriller. Denn Informationen aus Nachrichten und Filmen machen natürlich was mit uns, sie prägen unsere Vorstellung von der Zukunft, der wir dann selbstverständlich eher angsterfüllt entgegenblicken.

Und bei manchen neuen Herausforderungen ist die Medizin, die bei Angst hilft, auch einfach Mut.

Vielleicht nimmst du die Angst in deiner Vorstellung in den Arm und sprichst zu ihr: »Ich schätze das sehr, dass du mich davor schützen möchtest, dass ich das jetzt tue. Du möchtest, dass ich sicher bin. Dafür danke ich dir. Und trotzdem möchte ich meinem Herz folgen – und tue das jetzt.«

Ralf erzählt

Als meine Tochter Kaya zehn Jahre alt war, hat sie das bronzene Schwimmabzeichen gemacht. Als Belohnung wollte sie zum ersten Mal vom Dreimeterbrett springen. Sie ging also die Leiter hoch und auf dem Sprungbrett nach vorn – und sprang. Ohne zu zögern. Als sie wieder am Beckenrand angekommen war, sagte ich: »Wow! Das sah ja eindrucksvoll aus! Hattest du gar keine Angst?« Sie schaute mich etwas entrüstet an und entgegnete: »Natürlich hatte ich Angst. Aber das musste mich ja nicht davon abhalten zu springen.« Das fand ich so eindrucksvoll, dass ich es mir gemerkt habe – dieser Umgang mit den eigenen Ängsten inspiriert mich bis heute.

Säule 3 hält wunderbare Challenges für dich bereit, mit denen du deinen Mutmuskel trainieren kannst.

Wut

So wie eine zarte Pflanze manchmal unbändige Kraft aufbringen muss, um Asphalt zu durchbrechen, so brauchen auch wir unsere kraftvolle Wut, um nach vorn zu gehen, für uns einzustehen, unsere Meinung zu sagen, uns abgrenzen zu können und klar und deutlich zu äußern, was wir wollen und was nicht. Das ist eine positive, konstruktive und produktive Energie. Körperlich äußert sich das oft so, dass wir uns aufrichten, die Hände zu Fäusten ballen und Spannung in unsere Muskeln bringen.

Unsere Wut kann allerdings auch leicht ins Destruktive rutschen, etwa wenn wir total wütend auf eine bestimmte Person sind. Da ist die Grenze zwischen gesunder Abgrenzung und dem destruktiven Aspekt von Wut nicht immer so eindeutig. Auf diese Weise kann Wut zerstörerisch wirken und viel kaputtmachen, zum Beispiel wenn wir wahllos Menschen anschreien und unserer Empörung unhinterfragt freien Lauf lassen.

Hier kann The Work eine wertvolle Hilfe sein. Oft stellen wir anschließend sogar überrascht fest, dass wir eigentlich nicht auf die andere Person wütend sind, sondern auf uns selbst, etwa weil wir nicht rechtzeitig unsere Grenze gezogen haben. Vielleicht hast du das bei dir oder anderen auch schon bemerkt: Wenn man sich lange Zeit nicht abgrenzt, gibt es irgendwann diesen einen Tropfen, der das Fass zum Überlaufen bringt – man explodiert.

Es geht hier nicht darum, dass du nicht mehr wütend sein darfst, im Gegenteil. Während es Männern in unserer Kultur immer noch eher versagt ist, Ängste zuzulassen und zu zeigen, ist es bei Frauen von klein auf die Wut, die sie doch bitte zu unterdrücken haben. Dabei ist es absolut okay, auch mal auf den Tisch zu hauen. Wenn du jedoch deine Gedanken zu deiner Wut überprüfen möchtest, um mehr Klarheit in dein Leben zu bringen, oder wenn du einfach in dir aufräumen möchtest, dann ist The Work der ideale Ansatz. Starte dafür am besten, indem du deine Urteile über die Person notierst, über die du wütend bist. Schreibe deine Gedanken mit Satzanfängen auf wie »Ich will, dass (Name) …« oder »(Name) sollte …«. Wähle dann die Gedanken mit der meisten Ladung und überprüfe sie mit der Work-Anleitung in der hinteren Umschlagklappe.

Traurigkeit

Wir können verschiedene Situationen betrauern: einen Abschied auf Zeit, wenn jemand Geliebtes gestorben ist oder auch wenn etwas nicht so gelungen ist, wie wir uns das gewünscht haben. Ist das Gefühl der Traurigkeit im Fluss, kann es uns durchaus dabei helfen, uns von etwas oder jemandem zu verabschieden und innerlich loszulassen. Wenn wir die Traurigkeit also zulassen, sie fühlen und uns anschließend besser fühlen, ist es wunderbar. Doch manchmal löst sich die Traurigkeit eben nicht auf, selbst wenn wir ihr Raum geben. Hier kommt wieder The Work ins Spiel. Wenn wir zum Beispiel traurig sind, weil unsere Freundin in eine andere Stadt zieht und uns verlässt, lohnt es sich, die Gedanken ausfindig zu machen, die die Traurigkeit verursachen, und diese dann mit einer Work zu überprüfen. Frage dich dafür: »Was finde ich gerade schade?« Mache eine Liste – und wähle dann wieder einen Satz aus. Formuliere diesen um in einen Sollte-Satz. Aus »Es ist schade, dass sie wegzieht« wird dann »Sie sollte nicht wegziehen«. Diesen Gedanken überprüfst du mit einer Work. Lass dir viel Zeit dafür und lass alle Gefühle zu, wenn du bei der dritten Frage von The Work bist. Weitere Tipps, wie du The Work nutzen kannst, findest du in *Vier Fragen, die alles verändern: Das große Praxisbuch für The Work* von Ralf Heske.
Ein Impuls zum Schluss: Wenn du traurig bist, frage dich selbst: Ist das wirklich Traurigkeit – oder ist es Liebe? Lass dir Zeit, die Antwort in dir zu entdecken. Falls dieses Gefühl ein Ausdruck von Liebe sein sollte, könntest du dich fragen: Wie kann ich diese Liebe – in Anbetracht der Umstände – leben?

Agatha erzählt

Wenn ich an meine verstorbenen Großeltern denke, schleicht sich natürlich ein Gefühl von Traurigkeit ein. Sie fehlen mir und ich hätte sie so gern noch immer bei mir. Irgendwann habe ich jedoch festgestellt, dass der Ursprung dieser Traurigkeit Liebe ist. Ich liebe sie noch immer, und das wird sich wohl auch niemals ändern. Daher versuche ich heute, statt der Traurigkeit diese Liebe zu greifen und mich an schöne Situationen mit meinen Großeltern zu erinnern. Das zaubert mir fast immer ein Lächeln auf die Lippen.

Scham und Schuldgefühle

Scham und Schuldgefühle liegen oft nah beieinander, bauen allerdings auf leicht verschiedenen Grundannahmen auf. Schuldgefühle haben wir dann, wenn wir glauben, wir hätten anders handeln sollen. Vielleicht haben wir eine andere Person verletzt, vielleicht waren wir nicht da, als sie uns gebraucht hat, oder vielleicht haben wir auch etwas in bester Absicht getan, was sich hinterher jedoch als Fehler herausstellte. In allen solchen Fällen kann die Last von Schuld, die dann auf unseren Schultern liegt, enorm sein. Die Grundannahme für Schuld lautet: »Ich hätte es anders machen können.« Ein Sprichwort besagt: Hinterher ist man immer schlauer. Und so einfach es auch oft dahergesagt wird: Es stimmt. Mit dem Wissen, das wir in der jeweiligen Situation hatten, mit dem, was wir zu diesem Zeitpunkt geglaubt haben, mit den Gedanken, Gefühlen und dem körperlichen Zustand in diesem vergangenen Moment haben wir es nicht anders machen können. Wir wussten es erst hinterher besser.

Falls du auch manchmal mit Schuldgefühlen kämpfst, kann Folgendes ein guter Augenöffner sein. Stell dir vor, du gehst zurück in den Moment und du könntest dieses Mal anders handeln – und das wäre stimmig für dich. Würdest du dann in der Situation anders handeln? Wenn deine Antwort Ja lautet, bedeutet das, dass du damals eben

nicht hättest anders handeln *können*, denn sonst hättest du es ja getan.
Diese Grundannahme passt für Scham auch manchmal, aber nicht immer. Bei Scham ist deine Grundannahme eher: Mit mir stimmt etwas nicht. Ich sollte anders sein, als ich bin – sei es schlauer, schlagfertiger, sensibler oder zurückhaltender. Dabei stehen wir alle einfach da, wo wir sind. Wir geben alle unser Bestes. In Momenten der Scham kann es daher hilfreich sein, dich selbst dafür wertzuschätzen, was du schon alles getan hast, um dich weiterzuentwickeln. Zum Beispiel liest du gerade dieses Buch. Wir haben alle unterschiedliche Startbedingungen ins Leben gehabt. Und wir versuchen alle, das Beste daraus zu machen. Es geht nicht darum, perfekt sein zu müssen. Es ist wichtig, dich so zu schätzen und anzunehmen, wie du bist. Schritt für Schritt. Dabei kann dir natürlich auch The Work helfen. »Ich sollte humorvoller sein«, »Ich sollte weiter sein, als ich bin«, all diese Sätze kannst du mit einer Work überprüfen.

Säule 2
Unstoppable Energy

Manage dein Energielevel mit den Big 10

Alles steht und fällt mit unserer Energie. Ohne Energie fühlen wir uns antriebslos und sind kaum dazu in der Lage, nachhaltige Entscheidungen zu treffen und unser Traumleben zu erschaffen. Energie ist damit die Grundlage eines jeden Erfolgs. Im Wesentlichen gibt es drei Formen von Energie: die mentale, die emotionale und die körperliche Energie. Unsere Gedanken und das, was wir über uns selbst glauben, kann uns Energie geben oder es kann uns Energie nehmen, denn es führt zu bestimmten Gefühlen, die uns entweder guttun oder uns schwächen. Sie lösen zudem Hormoncocktails in unserem Körper aus, die je nach Gefühl anders zusammengemixt sind. Das Gleiche gilt für unsere Ernährung und unsere Lebensweise. Gesundes Essen, genügend Bewegung, Routinen, die einen glücklich machen, Pausen, ausreichend Schlaf und ein ausgewogener Tagesablauf – all diese Dinge wirken sich positiv auf unser Energielevel aus.

Damit wir uns glücklich *fühlen*, muss nichts im Außen passieren. Wir brauchen auch nicht zu warten, bis wir alle unsere negativen Gedanken irgendwann mal mit The Work überprüft haben, damit wir uns besser fühlen – wobei es durchaus hilfreich sein kann, den Tag mit einer Work zu beginnen. Wir können dieses Gefühl mit ein paar einfachen Kniffen selbst herbeiführen und so unseren Verstand austricksen, und zwar innerhalb von ein paar wenigen Minuten.

Sportlerinnen, Schauspielerinnen, Moderatorinnen und Rednerinnen tun dies bereits, um sich unmittelbar vor ihren Auftritten in eine positive und zuversichtliche Energie zu versetzen. Sie wissen, dass sie nur so auf den Punkt gute Leistung abliefern können, unabhängig von ihren Problemen und Sorgen. Und das kannst du auch. Mit ein paar Übungen kannst auch du lernen, dich vor wichtigen Situationen oder gern auch jeden Morgen nach dem Aufstehen in eine Energie voller Lebensfreude und Zuversicht zu versetzen. So fallen dir Herausforderungen leichter, du begegnest Menschen mit mehr Kraft und Freude, entwickelst ein positiveres Charisma und trittst automatisch selbstsicherer auf.

Die folgenden kleinen Übungen können große Auswirkungen haben. Deshalb nennen wir sie liebevoll die »Big 10«. Die Big 10 helfen dir, deinen energetischen Zustand positiv zu verändern. Du kannst die nächsten zehn Tage jeden Tag etwas Neues probieren und so herausfinden, welche Technik dir am besten hilft, deine Energie zum Positiven zu verändern. Das Einzige, was du dafür brauchst, sind etwa zehn Minuten täglich sowie den Willen, dein Energielevel anzuheben. So wirst du energetisch unstoppable!

BIG 1: MAGISCHE WORTE FÜR DEINEN VERSTAND

Es gibt verschiedene Arten, ein Tagebuch zu führen. Während wir als Kinder und Jugendliche in unserem Tagebuch eher das beschrieben haben, was im Außen passiert ist, neigen wir als Erwachsene dazu, unser Innenleben aufs Papier zu bringen. Wie befreiend das sein kann, hast du an dieser Stelle des Buches hoffentlich schon selbst erfahren. Nun wollen wir eine dritte Möglichkeit ausprobieren: das Schreiben aus der Zukunft heraus.

Wenn wir uns Dinge wünschen, bedeutet es im Grunde, dass wir heute noch nicht da sind, wo wir gerne sein wollen, und dass wir noch nicht das haben, was wir gerne hätten. Es bedeutet, dass uns heute etwas fehlt. Wir leben also im Mangel. Dabei können wir unserem Verstand auf einfache Art und Weise suggerieren, dass wir heute schon alles haben, was wir uns wünschen – selbst wenn diese Wünsche noch nicht Realität sind. Dadurch erreichen wir den energetischen Zustand der Fülle. Neugierig geworden? Hier kommt eine Schritt-für-Schritt-Anleitung. Nimm dir dein Journal und los geht's.

Schritt 1: Frage dich, was das nächste Ziel ist, das du unbedingt erreichen möchtest. Das kann eine Hochzeit sein, eine Weltreise, die Abgabe einer Arbeit, der neue Job oder die nächste Sporteinheit.

Schritt 2: Stell dir jetzt vor, du hättest dieses Ziel bereits erreicht. Fühle dich in die Situation hinein. Versuche ganz genau zu erspüren, wie du dich fühlen wirst, wenn du dein Ziel erreicht hast.
Schritt 3: Schreibe nun einen Tagebucheintrag so, als wäre heute der Tag, an dem du dein Ziel erreicht hast. Beachte dabei die folgenden Regeln:

- Schreibe in der Gegenwart.
- Beschreibe mit allen Sinnen: Was siehst du? Was hörst du? Was riechst du? Was fühlst du? Verbinde deine Gefühle mit deinen Wünschen.
- Beschreibe alles so detailliert wie möglich.
- Benutze Worte, die vollkommen begeistert wirken. Je begeisterter, motivierter und glücklicher deine Worte klingen, desto stärker wirken sie. Schreibe so, als würdest du einer geliebten Person vom größten Erfolg deines Lebens berichten. Als könntest du es kaum erwarten, es zu erzählen, und würdest förmlich platzen vor Freude, weil du das erreicht hast, was du dir so sehr gewünscht hast.

So könnte das aussehen:
»Wow! Ich bin so, so glücklich! Wer hätte das gedacht? Ich habe so hart daran gearbeitet, Stunden am Computer verbracht und immer wieder an den Worten gefeilt. Und heute war es endlich so weit. Heute Morgen habe ich mein Buchmanuskript abgegeben. Ich bin so dankbar. Ich saß im Bett, habe die Vögel zwitschern gehört und meinen Kaffee getrunken. Unter der Decke war es wohlig warm. Es hat sich bewährt, das Buch in den letzten Wochen morgens im Bett zu schreiben. Und heute war es so weit! Ich habe endlich auf ›Absenden‹ gedrückt. Ich fühle Erleichterung und wahres, pures Glück! Und kurz darauf kam sogar eine E-Mail vom Verlag, dass das Manuskript total fantastisch sei. Mir kommen echt die Tränen, weil ich diese Chance bekommen und ergriffen habe. Ich fühle mich großartig, dankbar, mächtig und wirksam. Danke, danke, danke dem Universum und mir selbst für diese Gelegenheit!«

Fühlst du diese Situation? Manchmal braucht diese Art des Schreibens ein wenig Übung und Geduld. Probiere es trotzdem aus. Schreibe heute dein Tagebuch so, als wäre heute der Tag, an dem sich ein Traum erfüllt hat und du alles hast, was du dir wünschst. Und dann nutze die Energie, die sich dadurch entwickelt. Versetze dich immer wieder in diese Energie hinein.

BIG 2: ENERGY-UPGRADE DURCH ATMEN

Die natürliche Atmung ist die Bauchatmung. Während Babys noch ganz selbstverständlich in den Bauch atmen, verlernen viele Heranwachsende das irgendwann und atmen nur noch in den Brustkorb. Besonders Mädchen und Frauen trainieren sich die Bauchatmung oft mehr oder weniger bewusst ab, damit der Bauch möglichst flach bleibt. Das aber hat drastische Folgen. Wenn wir kaum in den Bauch atmen, versetzen wir unser Nervensystem in einen andauernden Alarmzustand, was Stress und Ängste fördert. Wir fühlen uns weniger zentriert und kommen schlechter zur Ruhe. Ohne Bauchatmung nutzen wir zudem nie das gesamte Lungenvolumen. Wir verzichten damit auf Sauerstoff und Lebensenergie. Wir sind körperlich weniger leistungsfähig, was sich unter anderem beim Sport zeigt. Kurzum: Wir leben deutlich unter unseren Möglichkeiten.
In Indien sind schriftliche Aufzeichnungen für Atemübungen seit über 2500 Jahren als eine der wesentlichen Säulen des Yoga überliefert. Die Übungen werden dort als Pranayama bezeichnet, was als »Kontrolle der Lebensenergie (Prana)« oder auch als »Steigerung der Lebensenergie« übersetzt werden kann. Auch in den ostasiatischen Kampfkünsten ist eine gute Atmung die Basis für alle Bewegungen und Kampftechniken. In der traditionellen chinesischen Medizin ist Atmung eine der Grundlagen für Gesundheit und ein langes Leben. In diesen Kulturen wird davon ausgegangen, dass wir nicht nur Luft ein-

atmen, sondern uns mit der richtigen Atemtechnik gleichzeitig mit Lebensenergie aufladen und mehr Klarheit erlangen. Hier kommen drei einfache Übungen, mit denen du die Kraft der richtigen Atemtechnik auch für dich entdecken kannst.

Du findest Videos zu den folgenden Atemübungen und auch noch eine enorm energiespendende und klärende Bonus-Atemtechnik in unserem Onlinetraining (s. Anhang): www.unstoppable-buch.de

Atemübung 1: Tiefe Bauchatmung – die Basis für ein kraftvolles Leben

Stell dich gerade hin und schließe deine Augen. Lege eine Handfläche auf deinen Brustkorb und eine auf deinen Bauch knapp unterhalb des Bauchnabels. Atme ganz normal durch die Nase – und bemerke deine Atmung etwa eine Minute lang in dieser Haltung. Dann beginne sanft tiefer zu atmen. Nimm also mit jedem Einatmen mehr Luft in deine Lunge auf. Atme weiter nur durch die Nase. Bemerke, wo du den Atem in deinem Körper spürst. Und wo deine Hände ihn spüren können. Atme nun noch tiefer. Bemerke, wie sich die Hand auf deinem Bauch mit dem Einatmen nach außen bewegt – und mit dem Ausatmen wieder nach innen.

Atme weiter, solange es dir guttut. Manchmal hilft es, bei jedem Ein- und Ausatmen bis vier zu zählen. Du kannst auch mit der Länge des Ein- und Ausatmens spielen, beispielsweise indem du beim Einatmen bis vier und beim Ausatmen bis sieben zählst.

Effekt: Wenn du tief in deinen Bauch atmest, bringst du dein Nervensystem ins Gleichgewicht. Der Blutdruck senkt sich. Tiefes Atmen ist stimmungsaufhellend, es stärkt deine Konzentration, und du bist weniger müde. Und weil dabei der Zwerchfellmuskel bei jedem Atemzug die Bauchorgane nach unten presst, werden zusätzlich deine Verdauung und der wichtige Abtransport der Giftstoffe über die Lymphe gefördert.

Versuche, die Bauchatmung über die Übung hinaus beizubehalten und dich auch in deinem Alltag zwischendurch immer wieder daran zu erinnern, tief zu atmen. Du kannst die tiefe Bauchatmung auch vor herausfordernden Situationen nutzen, um selbstbewusster und klarer zu werden. Und wenn du lange vor dem Rechner sitzt, dann mach ab und zu mal eine Pause, steh auf, atme bewusst tief in den Bauch und tanke so neue Energie. Bei stärkerer sportlicher Aktivität atmen wir übrigens in den Bauch und in die Brust. Das ist ganz natürlich, lass es einfach geschehen.

Atemübung 2: Die 4-plus-4-Atemtechnik für extra viel Energie
Diese Atemtechnik erhöht dein Energielevel umgehend und schenkt dir mehr Selbstvertrauen. Du kannst sie im Stehen, im Sitzen oder im Liegen anwenden – aber auch beim Joggen oder Fahrradfahren. Wenn du beispielsweise auf dem Weg zu einem wichtigen Termin bist, kannst du dich mit dieser Technik einfach beim Gehen in einen kraftvollen Zustand bringen. Beim Sport trainierst du damit grundsätzlich deine Atemkapazität – und du wirst merken, dass du dadurch mehr Ausdauer hast.

Atme viermal hintereinander durch die Nase ein – pumpe deinen Körper also mit Luft auf. Atme zunächst in den Bauch und nutze dann auch den Brustkorb, um richtig viel Luft einzuatmen. Atme so tief ein wie möglich, aber nur so tief, wie es sich gut und natürlich anfühlt für dich. Dann atmest du viermal hintereinander aus. Ziehe dabei den Bauch leicht ruckartig immer weiter ein, damit du die Luft so weit wie möglich aus der Lunge herausbekommst.

Wenn du diese Technik beim Gehen oder beim Joggen anwendest, kannst du im Rhythmus deiner Schritte atmen. Wenn du magst, dann kannst du bei jedem Einatmen noch eine passende Affirmation oder eine Umkehrung aus deinen Works mit dazunehmen. Beispielsweise: »Ich-schaf-fe-das. Ich-schaf-fe-das.« Beim Sport kannst du auch durch den Mund einatmen.

Atemübung 3: Die Angstfrei-Atemtechnik für innere Ruhe

Diese einfache Atemtechnik wirkt effektiv bei Ängsten und möglicherweise sogar bei einer beginnenden Panikattacke, indem sie das Nervensystem beruhigt und dich zentriert. Du kannst die Übung aber auch ohne besonderen Anlass machen. Sie ist auf jeden Fall sehr wohltuend.

Setze dich in einer möglichst aufrechten Haltung auf einen Stuhl oder auf ein Meditationskissen. Atme ruhig und tief durch die Nase in den Bauch hinein und zähle dabei bis vier. Atme so tief, wie du kannst, achte aber darauf, dass du vor allem in den Bauch atmest und sich der Brustkorb kaum dabei ausdehnt. Atme dann lang, sanft und gleichmäßig durch den Mund aus – als ob du durch einen Strohhalm ausatmen würdest. Zähle dabei bis 12, 16, 20 oder 24, wie auch immer es für dich am besten passt. Am Ende zieht der Bauch nach innen, um die Restluft aus der Lunge hinauszubefördern. Besonders wichtig ist bei dieser Technik das lange und gleichmäßige Ausatmen – eben wie durch einen Strohhalm. Wiederhole diese Atmung mindestens zehnmal oder solange du willst. Gönne dir nach der Übung mindestens 30 Sekunden mit geschlossenen Augen und spüre, wie du dich nun fühlst. Dabei kannst du gern eine Hand auf deinen Brustkorb und eine Hand auf deinen unteren Bauch legen.

BIG 3: PLANE DAS GEFÜHL, DAS DU FÜHLEN WILLST

Oft ist uns gar nicht klar, was wir eigentlich fühlen wollen. Stattdessen fühlen wir plötzlich und geben uns diesem Gefühl hin, was auch immer es sein mag. Am Ende des Tages möchten wir uns meistens einfach nur glücklich fühlen. »Glücklich« scheint ein Auffangbegriff zu sein, der all das in sich trägt, was Menschen erstrebenswert erscheint. Dabei ist »glücklich« für den einen nicht unbedingt das Gleiche wie für den anderen. Manche meinen damit Ausgelassenheit; sie sind also glücklich, wenn sie sich mit Freundinnen treffen, tanzen, quatschen und albern sind. Einige meinen damit Freude; sie sind glücklich, wenn sie das tun, was sie lieben, sei es ihrem Hobby oder ihrer Berufung nachzugehen. Andere meinen damit Motiviertheit; sie wiederum sind glücklich, wenn sie sich in einem energetischen Zustand befinden, in dem sie ein kleines bisschen vibrieren und in der Schaffenskraft sind. Wieder andere meinen damit den Flow; sie sind glücklich, wenn sie Sportarten ausüben, bei denen sie komplett im Hier und Jetzt sind, etwa Klettern oder Mountainbiken, weil man sich dabei so sehr konzentriert, dass man gar nicht weiß, was man eigentlich gedacht hat, wenn man die Route schließlich beendet hat. Und noch mal andere sind glücklich, wenn sie lieben und geliebt werden.

Du siehst: Glück ist vielseitig. Je präziser wir ein Gefühl beschreiben können, desto leichter können wir uns auch auf die Suche machen, wenn uns dieses Gefühl im Leben fehlt. Frage dich also:

1. *Welches Gefühl genau suche ich?* Versuche, so konkret wie möglich zu sein. Wenn es dir schwerfällt, dich für ein Wort zu entscheiden, dann beschreibe den Zustand.
2. *Woran erkenne ich, dass ich dieses Gefühl erlebe?* Achte darauf, wie sich das Gefühl in deinem Körper anfühlt. Was spürst du?
3. *Was tue ich gerade, wenn ich das Gefühl erlebe?* Notiere ruhig verschiedene Situationen, sodass du Gemeinsamkeiten finden kannst. Vielleicht verbindest du das Gefühl auch weniger mit einer Tätigkeit und mehr mit einem Zustand, etwa Urlaub. Dann darfst du herausfinden, woran das liegt. Sind es die Menschen, mit denen du mehr Zeit verbringst? Oder sind es die Menschen, die du in der Zeit nicht siehst? Ist es eine Tätigkeit, die du tust oder eben nicht tust? Ist es die Entspannung, die da ist, oder sind es Aktivitäten, für die sonst die Zeit fehlt? Hast du dein Handy dabei? Hast du es nicht dabei? Achte auf Gemeinsamkeiten. Frage dich, was genau es ist, das das Gefühl in dir hervorruft.

4. *Mit wem bin ich zusammen, wenn ich das Gefühl erlebe?* Achte auch hier auf Gemeinsamkeiten. Vielleicht bist du sogar allein. Auch das kann ein wichtiger Hinweisgeber sein.
5. *Woher wirst du am Ende deines Lebens wissen, dass du ein glückliches Leben geführt hast?*

Vervollständige nun den folgenden Satz: »Das wichtigste Gefühl, das ich im Leben mehr fühlen will, ist …«
Und jetzt kannst du dich jeden Morgen fragen, am besten an einem festen Platz und verbunden mit einer anderen Gewohnheit, zum Beispiel unter der Dusche: Was plane ich heute ein, das dieses Gefühl in mir hervorrufen kann? Welche Dinge kann ich heute tun, um das Gefühl zu fühlen? Welchen Menschen werde ich heute mit diesem Gefühl begegnen und sie damit erfreuen? Und jetzt kannst du jeden Morgen den Satz vervollständigen: »Ich werde dieses Gefühl heute hervorrufen, indem ich …« Notiere dir den Satz.
Und dann tu es!

BIG 4: SPIEGLEIN, SPIEGLEIN AN DER WAND …

Wann hast du dir das letzte Mal in die Augen gesehen? Und damit ist nicht gemeint, wann du dich das letzte Mal geschminkt, nach Pickeln gesucht oder dich frisiert hast. Sondern wann hast du dir das letzte Mal wirklich in die Augen gesehen?
Diese Übung kann bewegend sein, da du in deinen engsten persönlichen Bereich vordringst. Gleichzeitig kann sie so guttun. Setze dich in einem Abstand von etwa 30 Zentimetern vor einen Spiegel und stell dir einen Wecker auf eine Minute. Behalte den Wecker bei dir. Falls du dein Handy dafür benutzt, achte darauf, alle sonstigen Benachrichtigungen für die Dauer dieser Übung auszustellen.

Jetzt schau dir tief in die Augen. Schaue wirklich hin: Was erkennst du? Beobachte deine Gedanken dabei. Wenn du nichts fühlst, ist das okay. Wenn dir die Tränen kommen, ist das auch okay. Schau dir eine Minute lang tief in die Augen.
Wenn der Wecker klingelt, schalte ihn aus und schau dir dann weiter in die Augen. Lege nun deine Hände auf dein Herz und sage, während du dich weiter ansiehst, etwas wirklich, wirklich Nettes zu dir, etwas, das von Herzen kommt. Sprich mit dir wie mit deiner besten Freundin, wie mit einer geliebten Person, wie mit jemandem, dem du wirklich etwas Gutes tun willst. Es spielt am Anfang überhaupt keine Rolle, ob du das, was du sagst, wirklich glaubst oder nicht, ob du bestärkende, motivierende oder tröstende Worte findest. Mach der Seele im Spiegel heute ein Kompliment, eine Freude. Fang den Satz dazu wie folgt an: »Hey, schön, dass du hier bist. Was ich dir schon immer sagen wollte, ist …« Und dann vervollständige den Satz mit deinen Händen auf deinem Herzen und dem Blick in deine Augen.
Mach diese Übung gerne so oft, wie es dir guttut.

BIG 5: I LOVE YOU, BABY!

Ein Liebesbrief ist eine vergessene Kunst. Früher gab es kaum eine andere Möglichkeit, als sich Briefe zu schreiben, um in Kontakt zu treten. Schließlich gab es weder Telefon noch WhatsApp oder E-Mails. Ein Liebesbrief wirkt daher heute wie eine wunderschöne Verlangsamung der Zeit. Und so ist es ja auch: Wer jemandem einen Liebesbrief schreibt, verbringt damit nicht nur ein paar Minuten. Die Worte werden viel sorgfältiger gewählt, da der Brief nicht einfach wie eine E-Mail gelöscht werden kann. Ein Liebesbrief ist für die Ewigkeit. Und er ist eine ganz besondere Art der Wertschätzung.
Eine besondere Erfahrung, um die Energie anzuheben, ist, sich darüber bewusst zu werden, dass wir uns selbst auch lieben dürfen. Und

warum beweisen wir uns das nicht einmal in Form eines Liebesbriefs an uns selbst? Da es besonders Frauen schwerfällt, sich selbst zu loben, zu lieben und anzuerkennen, sind hierfür ein paar Hürden zu überwinden. Lass uns also zunächst etwas Vorarbeit leisten.

Schritt 1: Erstelle eine Liste mit deinen guten Eigenschaften. Sammle in dieser Liste alles, was du an dir selbst magst und wertschätzt.

Schritt 2: Frage heute drei liebe Menschen, was sie am meisten an dir mögen. Wenn dir das unangenehm ist, kannst du auch einen Vorwand erfinden, etwa dass es eine Übung für die Arbeit oder das Studium ist. Wenn du dich traust, frage ruhig einmal Menschen aus verschiedenen Kontexten, also zum Beispiel eine Kollegin, eine Kommilitonin, jemanden aus der Familie, eine Freundin, eine Nachbarin … Du kannst schriftlich oder persönlich fragen: »Was sind die drei Sachen, die du am meisten an mir magst?«

Schritt 3: Fertige eine Liste mit deinen Talenten an. Schreibe hier einmal alles auf, was du gut kannst und was dir gut gelingt.

Schritt 4: Liste ein paar Dinge auf, für die du im Leben schon gelobt wurdest. Das ist ein interessanter Perspektivenwechsel im Vergleich zu Schritt 3. Denn oftmals kommen hier Aspekte ans Licht, die wir bei unserer Selbsteinschätzung gar nicht bedacht haben.

Schritt 5: Nenne Menschen, denen du fehlen würdest, wenn du nicht mehr da wärest. Menschen, die du aufbaust und denen du hilfst. Zu denen du freundlich und geduldig bist. Schreibe auch dazu, warum du diesen Menschen fehlen würdest.

Wenn du das alles erledigt hast, hast du schon ganz schön viele wunderschöne Dinge über dich zusammengetragen. Hättest du gedacht, dass du so viele positive Eigenschaften an dir entdecken würdest? Hebe dir diese Listen unbedingt auf. An einem schlechten Tag kannst du sie dir durchlesen, und dann geben sie dir hoffentlich ein warmes Gefühl in deiner Brust.

Jetzt soll es aber um den Liebesbrief an dich selbst gehen. Verwende dafür dein schönstes Papier und deinen Lieblingsstift. Gehe zum Beispiel in ein Schreibwarengeschäft und kaufe dir hübsches Briefpapier und einen dazu passenden Briefumschlag.

Setz dich an deinen Lieblingsplatz, mach es dir so richtig gemütlich, zünde dir eine Kerze an, wenn du magst, dreh leise Hintergrundmusik auf und koche dir eine Tasse duftenden Kräutertee.

Stell dir nun vor, du würdest einen Brief an eine Person schreiben, die du von ganzem Herzen liebst und bewunderst. Du kannst in der Du-Form oder in der Ich-Form schreiben, so, wie es sich für dich besser anfühlt. Schreibe so viel und so lange, wie es sich gut für dich anfühlt.

Der erste Satz könnte lauten: »Liebe …, ich bin so froh, dass es dich gibt.« Nun kannst du dir deine Listen anschauen und mit einer guten Eigenschaft starten. Hast du zum Beispiel aufgeschrieben, dass du freundlich bist, erinnere dich an eine konkrete Situation, in der du freundlich warst, und beschreibe sie. Das kann so klingen: »Ich bin so stolz auf dich, dass du oft so freundlich bist, zum Beispiel heute Morgen, als deine Freundin schlechte Laune hatte und du Verständnis dafür hattest und sie aufgemuntert hast. Es ist schön, freundliche Menschen um sich zu haben.« Oder alternativ in der Ich-Form: »Ich war unheimlich stolz heute Morgen, als meine Freundin schlecht gelaunt war und ich trotzdem freundlich bleiben konnte. Ich habe gespürt, wie gut ihr das tat. Auf diese Eigenschaft bin ich wirklich stolz.«

Wenn du deinen Brief beendet hast, lege ihn in den Briefumschlag, klebe den Umschlag zu, bring ihn zur Post und schick ihn wirklich an dich selbst. Und wenn du ihn bekommst, nimm dir die Zeit, lies ihn durch und genieße das warme Gefühl, das sich dann in dir ausbreitet.

BIG 6: FEIERE DIE KLEINEN TÄGLICHEN ERFOLGE

Im Grunde besteht unser Leben aus vielen einzelnen kleinen Tätigkeiten, die irgendwann zu einer großen Tätigkeit oder einem großen Erfolg werden. Allzu oft machen wir den Fehler, dass wir nur diese großen Tätigkeiten bewusst anerkennen und feiern. Wir sehen dann nicht mehr, dass unsere große Tätigkeit »Studieren« aus vielen Vorlesungen, Hausaufgaben, Klausuren, Hausarbeiten, Arbeitsblättern und Büchern besteht. Wir sehen nicht mehr, dass wir als Influencerin eine Idee entwickeln, ein gutes Foto machen, einen Text schreiben, Hashtags auswählen, Kommentare beantworten und E-Mails schreiben. Und wir sehen nicht, dass wir nicht direkt ein ganzes Buch schreiben, sondern viele, viele Seiten, die am Ende ein harmonisches Ganzes ergeben. Das ist wie bei einem Sinfonieorchester. Als großes Ganzes klingt es fantastisch, und man übersieht leicht, dass jede einzelne Geige, jede einzelne Flöte, jede einzelne Harfe und jede einzelne Note auf dem Notenblatt unverzichtbar ist, damit das Orchester so mitreißend auf die Zuhörerinnen wirken kann, wie es das tut.

Also lass uns von nun an auch jede noch so kleine Tätigkeit entsprechend würdigen und feiern! Du hast ein Kapitel in einem Fachbuch gelesen? Yay! Du hast ein schönes Naturfoto für deinen Instapost gemacht? Fantastisch! Du hast eine Seite für dein Buch geschrieben? Wohoo! Feiere jede einzelne Note auf der Tonleiter deines Lebens!

Die Idee dahinter: Das Gehirn liebt kleine Erfolge, es liebt es, Dinge zu erreichen, und belohnt uns dafür nur allzu großzügig mit Glückshormonen. Deshalb funktionieren Computerspiele, deshalb funktioniert Instagram, deshalb funktioniert Onlineshopping: Wir nehmen uns eine Sache vor, klicken und haben direkt ein Glücksgefühl. Auf die gleiche Weise können wir unser Leben betrachten. Wenn wir bestimmen, was uns wirklich, wirklich wichtig ist im Leben, das in unseren Fokus rücken und dann jeden Tag eine Kleinigkeit oder mehrere

dafür tun, dann bombardiert uns unser Gehirn nahezu mit den Glückshormonen. Egal wie klein die Kleinigkeit ist. Mit jedem klitzekleinen Schritt kommen wir unserer Vision ein wenig näher.
Der tägliche Erfolg führt zu einer Erfolgsspirale nach oben, denn spannenderweise entsteht Motivation, wenn wir etwas tun, und nicht, wenn wir darüber nachdenken oder planen, etwas zu tun. Durch den Belohnungsmechanismus unseres Gehirns setzt jede noch so kleine Handlung für unsere Vision ein Momentum in Gang, das uns weiter trägt und weiter motiviert. Und genau das ist die Energie, die uns dazu bringt, unserer Tonleiter immer noch eine weitere Note hinzuzufügen, bis unsere ganz eigene Sinfonie steht.
Notiere dir also heute Abend (und gerne jeden weiteren Abend deines Lebens), welche kleine Note du heute auf dem Weg zu deinem großen Musikstück gespielt hast.

BIG 7: ENERGIEN LOSLASSEN UND NEU SETZEN

Das Problem mit Energien ist, dass sie ziemlich lange halten, insbesondere negative Energien. Wir haben das alle schon einmal erlebt: Vielleicht sind wir mit dem falschen Fuß aufgestanden und hatten von Anfang an schlechte Laune. Oder wir sind einem Menschen begegnet, der uns ungerecht behandelt hat. Oder wir wurden kritisiert, nicht anerkannt, nicht geliebt. In solchen Situationen können wir förmlich dabei zusehen, wie unsere Laune und mit ihr unser Energiepegel sinkt und wir negative Gefühle entwickeln.
Diese Energie beeinflusst dann häufig einen längeren Zeitraum unseres Tages, wir werden wortwörtlich von ihr gefangen gehalten. Wir nehmen die Energie von einem Meeting mit zu den Menschen, die wir lieben. Wir nehmen die Energie aus einem Streit mit zu einem Treffen mit unseren Freundinnen. Oder wir nehmen die Angst über unsere

Finanzen mit in ein Vorstellungsgespräch. Die Folge: Wir können die neuen Situationen nicht in unserer vollen positiven Energie erleben. Hier lohnt es sich, achtsam darauf zu schauen, wie sich Situationen verändern und inwiefern wir die Energie aus der vergangenen Situation mit in die nächste nehmen. Sollte die Energie positiv sein, ist das übrigens völlig in Ordnung, denn dann können wir den neuen Menschen positiv begegnen und die neue Situation positiv meistern. Ist die Energie aber eher negativ, lohnt es sich, zwischen zwei Situationen innezuhalten und zu versuchen, die Energie bewusst abzulegen.

Schritt 1: Suche die Zwischenräume zwischen verschiedenen Situationen. An jedem unserer Tage reihen sich verschiedene Situationen aneinander: Wir essen mit der Familie, dann gehen wir in ein Meeting. Anschließend telefonieren wir mit einer Kundin und gehen danach mit dem Hund spazieren. Dann fahren wir in die Apotheke und treffen uns kurz darauf mit unseren Freunden. Zwischen all diesen verschiedenen Situationen gibt es Zwischenräume: Wenn wir die Wohnung verlassen, wenn wir nach dem Meeting in unser Büro zurückkehren, wenn wir den Telefonhörer auflegen ... Finde diese Zwischenräume, diese kurzen Pausen zwischen den einzelnen Situationen deines Tages, und halte kurz inne.

Schritt 2: Finde die negative Energie in deinem Körper. Schließe für 30 Sekunden die Augen und spüre in deinen Körper hinein. Wo spürst du die negative Energie? Wie äußert sie sich in deinem Körper? Hast du vielleicht einen Kloß im Hals? Hast du einen verkrampften Magen? Bist du irgendwo angespannt? Hast du deine Schultern hochgezogen? Wo genau lokalisierst du die schlechte Energie, das schlechte Gefühl?

Schritt 3: Löse die negative Energie auf. Versuche dich so gut wie möglich zu entspannen. Atme tief ein, atme langsam aus. Stell dir bei jedem Einatmen vor, wie du frische und positive Energie aufnimmst.

Spüre, wie sie sich dort ausbreitet, wo die negative Energie sitzt. Stell dir bei jedem Ausatmen vor, wie du negative Energie loslässt, wie sie aus deinem Körper herausströmt. Entspann dich mit jedem Atemzug ein bisschen mehr.

Schritt 4: Bestimme, mit welcher Energie du in die neue Situation gehen möchtest. Überlege, welche neue Situation dir nun bevorsteht und welchen Menschen du nun begegnen wirst. Bestimme nun ein Gefühl, eine Energie, mit der du in die neue Situation gehst. Sage dir zum Beispiel: »Ich atme diese schlechte Energie aus und atme frische Energie ein. Ich begegne nun meiner Familie, die mich liebt, und ich beschließe, ihr freundlich/ruhig/ausgeglichen/liebevoll zu begegnen.«
Und dann erst gehst du in die neue Situation.

BIG 8: DAS INNERE STOPPSCHILD

Unser Verstand liefert uns, wie wir ja mittlerweile wissen, ständig zufällige Gedanken. Zu unserem Leidwesen sind oft sehr viele negative Gedanken dabei.
Versuche einmal, einen ganzen Tag lang deine Gedanken achtsam zu beobachten und jeden negativen Gedanken über dich selbst wahrzunehmen. Sage dann innerlich Stopp; stell dir ruhig vor, wie du deinen negativen Gedanken ein Stoppschild vor ihre griesgrämige Nase hältst. Formuliere den Gedanken dann um, und zwar so, wie eine beste Freundin mit dir sprechen würde.
Beispielhaft könnte das folgendermaßen aussehen. Griesgrämiger Gedanke: »Boah, ich bin aber auch zu blöd.« Stoppschild-Intervention: »Stopp, das sagen wir nicht.« Liebevoll umformulierter Gedanke: »Quatsch, natürlich bist du nicht dumm. Du bist klug. Weißt du noch? Du hast das und das und das gemacht.«

Mach dieses Experiment ruhig mal einen ganzen Tag lang – oder auch länger, beispielsweise sieben Tage lang. Sieben Tage lang nichts Negatives zu denken oder jedes Mal Stopp zu sagen, ist schon eine Herausforderung. Gleichzeitig kann es die eigene innere Welt verändern, weil man dann zum ersten Mal wahrnimmt, wie oft und wie viel man eigentlich negative Dinge denkt. Und wenn man die dann mithilfe des inneren Stoppschilds wieder ins rechte Licht rückt, kann das einen ganz erheblichen Energy-Booster geben.

BIG 9: ZWEI MINUTEN FÜR DIE DANKBARKEIT

Wer kennt ihn nicht, den berühmten Satz eines jeden Elternteils, wenn man als Kind etwas geschenkt bekommt, sei es die Scheibe Käse an der Supermarktfrischetheke oder ein Geburtstagsgeschenk von der Oma. Kaum hatte man das überreichte Geschenk angenommen, hörte man schon von der Seite: »Wie sagt man?« Meist wurde dann reflexhaft ein »Danke« gemurmelt. Während Höflichkeit im gemeinsamen Miteinander durchaus wichtig ist, ist vielleicht auch das der Grund, weshalb viele von uns irgendwann Dankbarkeit und Höflichkeit verwechseln und in Dankbarkeit nichts weiter als eine höfliche Floskel sehen. Dabei kann Dankbarkeit so viel bewirken. Sie erdet, richtet den Fokus auf die Dinge, die wirklich wichtig sind im Leben, und sorgt dafür, dass wir uns glücklicher fühlen. Zudem senkt Dankbarkeit das Stressgefühl – unser Körper wird es uns eines Tages danken. Praktiziere heute einmal ganz bewusst Dankbarkeit in zwei Schritten.

Schritt 1: Denke an drei Dinge in deinem Leben, für die du dankbar bist. Das können Menschen sein, Gegenstände oder Aspekte der verschiedenen Lebensbereiche. Sage zum Beispiel: »Ich bin dankbar dafür, dass ich im Büro von so vielen freundlichen Kolleginnen umgeben bin.« Oder: »Ich bin dankbar dafür, dass ich an warmen Sommerabenden auf meinem Balkon sitzen und lesen kann.«

Schritt 2: Fühle die Dankbarkeit. Lass dich vollkommen ein auf das Gefühl der Dankbarkeit. Wo im Körper spürst du es? Wie fühlt es sich an? Ist es ein flatterndes Kribbeln im Bauch? Ein süßes Ziehen in der Brust? Musst du unwillkürlich lächeln, wenn du daran denkst? Bleib eine Zeit lang bei dem Gefühl der Dankbarkeit und schließe vielleicht kurz deine Augen, um dich vollständig von diesem Gefühl durchfluten zu lassen. Spüre ihm eine Weile nach und öffne dann sanft deine Augen wieder.

Du kannst diese Übung jeden Tag machen, immer mit anderen Dingen, für die du dankbar bist. Du kannst dir die Dinge auch aufschreiben, vielleicht willst du ja ein extra Dankbarkeitstagebuch anlegen. Dankbarkeit ist ein unglaublich mächtiges positives Gefühl, das deinen Blick auf die Welt nachhaltig zum Positiven verändern kann.

BIG 10: NUTZE DIE MACHT DER MUSIK

Erinnerst du dich noch an deinen ersten großen Liebeskummer als Teenager? Weißt du noch, welche Lieder du da – womöglich in Dauerschleife – gehört hast, um so richtig einzutauchen in deinen Herzschmerz? Die Musik hat deine Gefühle verstärkt, und zwar so sehr, dass du dich vielleicht sogar noch Jahre später in die gleiche Gefühlslage zurückversetzen kannst, wenn du dieselben Lieder wie damals hörst.

Musik hat eine unbändige Kraft und die wollen wir uns in dieser Übung zunutze machen, nämlich indem wir unsere Energie und unsere Stimmung durch das Bewegen unseres Körpers mit der passenden Musik beeinflussen.

Schritt 1: Beobachte, wie du dich gerade fühlst. Sei achtsam: In welcher Stimmung bist du? Woher kommt dein Gefühl? Welche Gedanken haben dazu geführt, dass du dich so fühlst?

Schritt 2: Überlege, was du tun möchtest. Möchtest du dieses Gefühl intensiver fühlen? Möchtest du dir Zeit nehmen und dich so richtig ins Gefühl hineinfallen lassen? Oder möchtest du das Gefühl und die Energie, die damit einhergeht, verändern? Falls ja, wie soll deine Energie sein?

Schritt 3: Nutze die Musik. Suche dir passend zu der Energie, die du hast oder die du gern haben möchtest, Songs heraus und höre sie so laut, wie du möchtest.

Unstoppable-Playlists

Du kannst dafür übrigens gern eine unserer Playlists nutzen, die du in unserem Onlinetraining (s. Anhang) findest: www.unstoppable-buch.de
Du findest dort Empowerment-Songs, schnelle Songs, zu denen du hüpfen und dich auspowern kannst, und sexy Songs, die deine Sinnlichkeit wecken. Viel Spaß dabei!

Schritt 4: Bewege dich zur Musik. Tanze. Gern so richtig. Als würde niemand zusehen, denn es sieht ja auch niemand zu. Vielleicht kennst du das aus der TV-Serie *Grey's Anatomy* – wenn Meredith Grey und ihre beste Freundin Christina nach einem harten Tag im OP so richtig loslegen und sich all ihren Stress von der Seele tanzen. Mach es genauso und lass dich so richtig in die Musik hineinfallen.

Säule 3

Unstoppable Courage

Von der Komfortzone in die Mutzone

Es gibt ein berühmtes Zitat, das dem Autor Neale Donald Walsch zugeschrieben wird: »Das Leben beginnt am Ende deiner Komfortzone.« Während dieser Leitspruch natürlich in erster Linie motivieren und zu Großem anspornen soll, ist er gleichermaßen problematisch. Denn er suggeriert uns, dass wir mit dem, was wir haben, nicht zufrieden sein, und dort, wo wir sind, nicht glücklich sein können. Natürlich ist es in unserer Komfortzone komfortabel. Und ja, zu viel Komfort kann träge machen. Doch wenn ein Mensch innerhalb seiner Komfortzone wahrlich glücklich und zufrieden ist, dann hat er genau den Zustand erreicht, nach dem so viele Menschen streben. Und dann ist es vollkommen in Ordnung, wenn dieser Mensch innerhalb seiner Komfortzone bleibt.

Viele Menschen sind aber eben nicht glücklich. Viele möchten so gern nach großen Zielen streben, weil sie eine Vision haben, einen Gefühlszustand vermissen oder sich einfach nicht gesehen fühlen, dort, wo sie aktuell sind. Das heißt, sie möchten etwas erreichen, das außerhalb ihrer jetzigen Reichweite liegt, etwas, für das sie sich anstrengen und sich überwinden müssen, das erst einmal unbequem ist und für das sie Mut brauchen.

Mithilfe von Säule 1, der »Unstoppable Clarity«, konntest du bereits erkennen, was du wirklich willst. Das ist so wichtig, denn gerade in unserer westlichen Welt kann ein Streben nach einem Leben außerhalb der Komfortzone auch zur Gewohnheit werden. Es kann zur Gewohnheit werden, dass wir meinen, besser aussehen zu können. Es kann zur Gewohnheit werden, dass wir glauben, wir seien niemals gut genug. Und es kann zur Gewohnheit werden, dass wir Anstrengung mit einem lohnenswerten Leben verknüpfen. Dabei ist das nicht immer wahr, denn ein lohnenswertes Leben ist vor allem ein glückliches Leben. Und wenn wir innerhalb unserer Komfortzone bereits glücklich sind, dann kann uns ja eigentlich nichts Besseres passieren. Wenn du dich jedoch blockiert fühlst, wenn du dich nicht frei fühlst oder wenn du insgeheim einen Traum hast und sagst: »Wenn es keine Widerstände gäbe, keine Beurteilungen und keine Begrenzungen, dann würde ich …«, dann darfst du gern einen Schritt aus deiner Komfortzone in deine Mutzone wagen. Hier kommt das Selbstvertrauen ins Spiel, denn es ist wichtig, dass wir lernen, uns immer mehr zuzutrauen und Vertrauen in uns zu fassen.

Indem wir unsere Erfahrungszone Schritt für Schritt erweitern, bauen wir automatisch mehr Selbstvertrauen auf.

Indem wir uns Ziele stecken, die außerhalb unseres Bequemlichkeitsbereichs, also unserer Komfortzone liegen, wachsen wir. Jede der Challenges in dieser Säule 3 erfordert Mut. Mach sie einfach nach deinem Gefühl. Du kannst sie auch mit einer Freundin zusammen machen, wenn dir das leichter fällt. Du kannst sie eine nach der anderen durchziehen und schauen, was diese neuen Erfahrungen mit deiner Komfortzone machen. Oder du streust sie in deinen Alltag ein, wann immer du Lust auf eine Challenge oder das Gefühl hast, dass dein Mut wieder etwas stagniert. Und wenn dir eine Challenge besonders schwerfällt, kannst du die Horrorskala (Challenge 1) auch dafür einsetzen.
Falls dir die Challenges ein mulmiges Gefühl bereiten, du also merkst, dass du deine Komfortzone zwar gern erweitern würdest, dich deine Angst und Befürchtungen jedoch davon abhalten, könntest du es dir zum Reflex machen zu sagen: » Scheißegal, ich mache es trotzdem!« Oder: »Mir egal, ich tu es doch!« So sagst du deinem Verstand: »Ich höre dich und mach es dennoch.«
Der Verstand will generell seine Ruhe und auch der Körper ist tendenziell etwas faul. Wenn wir dem jedoch immer nachgeben und nicht den ersten Handlungsimpuls setzen würden, würden wir viele wunderschöne Erfahrungen nicht machen. Also, sei mutig und setze den ersten Handlungsimpuls! Und nun viel Spaß beim Erforschen deiner Mutzone!

CHALLENGE 1: DIE HORRORSKALA

Diese Challenge eignet sich hervorragend dafür, wenn du einen Traum hast, etwas unheimlich gerne machen willst und gleichzeitig große Angst hast, das umzusetzen. Nimm dir dein Journal und einen Stift und gehe folgendermaßen vor:

Schritt 1: Benenne deinen Traum. Welchen Traum möchtest du nach dem Lesen dieses Buches unbedingt verwirklichen, doch deine Angst hindert dich bisher noch daran? Oder anders gefragt: Wenn du keine Angst kennen würdest, was würdest du wirklich gern tun oder erleben?
Beispiel: *Ich möchte einmal ein Solo auf dem Stadtfest singen.*

Schritt 2: Definiere die Skalenpunkte 10 und 1. Teile eine Seite in deinem Journal mit einem Strich in eine linke und eine rechte Seite. Zeichne zudem zehn Querstriche in regelmäßigen Abständen auf das Blatt. Am Ende sieht es ein wenig aus wie ein Thermometer. Der oberste Strich ist die Zehn. Schreibe dort deinen Traum hin. Der unterste Strich ist die Null. Definiere dort deinen Istzustand.
Beispiel: *10: Ich singe ein Solo auf dem Stadtfest. 0: Ich singe im Chor, habe aber noch nie vor Publikum gesungen.*

Schritt 3: Definiere die übrigen Skalenpunkte. Wenn wir unsere Treppe zum Erfolg definieren, sieht die bei jedem von uns anders aus. Zeichne deine eigene Horrorskala. Gehe hier Schritt für Schritt vor und bestimme so die einzelnen Skalenpunkte. Es hat sich oft bewährt, hier bei Stufe 5 weiterzumachen und sich dann in beide Richtungen vorzutasten.
Beispiel: *5: Ich singe ein Musikstück vor meiner Familie. 3: Ich singe so laut im Haus, dass mich jeder hören kann. 7: Ich singe vor Publikum auf dem Marktplatz.*

Schritt 4: Bestimme den nächsten Schritt und gehe ihn. Wenn du feststellst, dass du für Stufe 5 noch nicht bereit bist, frage dich, für welche Stufe du zum jetzigen Zeitpunkt bereit bist, und dann geh diesen Schritt.

Es wird dich sicher Überwindung kosten, die Schritte auf deiner Horrorskala auch wirklich zu gehen. Doch hast du eine der Stufen einmal hinter dir gelassen, wird es magisch: Du kannst dann nämlich nicht mehr zurück. Die anderen niedrigeren Stufen werden plötzlich irrelevant. Und wenn du erst einmal die Stufen 7, 8 oder 9 auf deiner Erfolgstreppe erklommen hast, ist der Weg zur Stufe 10, also zu deinem großen Traum, nicht mehr weit.

CHALLENGE 2: DAS OUTING

In dieser Challenge geht es darum, etwas Ungewohntes preiszugeben, das man sonst nicht preisgeben würde. »Das Outing« hat zwei verschiedene Herangehensweisen, hier kommt es ganz auf deine Persönlichkeit an. Wenn du in deinem gewohnten Umfeld dein Licht eher unter den Scheffel stellst und dich kleiner machst, als du in Wahrheit bist, entweder in der Hoffnung, jemand anderes gibt dir unrecht, oder weil du das wirklich so empfindest, dann machst du Übung 1. Erzählst du dagegen supergern immer, was dir gut gelungen ist, um nach außen hin den Schein zu wahren, und teilst du Informationen eher selektiv, nämlich dann, wenn sie dich in einem guten Licht dastehen lassen, dann ist Übung 2 für dich die richtige.
Übung 1: Erzähle jemandem, dem du es sonst nicht erzählen würdest, was dir in letzter Zeit besonders gut gelungen ist. Berichte einer Person von deinem letzten Erfolg. Das kann auch eine Erkenntnis sein, die du vor Kurzem hattest. Wenn du selten mit deinem Vater telefonierst, dann ruf ihn an. Wenn du nicht so häufig mit deiner Chefin

sprichst, erzähle es ihr. So kannst du üben, dass man durchaus auch von seinen Erfolgen berichten darf.
Übung 2: Erzähle jemandem, dem du es sonst nicht erzählen würdest, was du für deine Schwäche hältst oder was dir in letzter Zeit nicht gut gelungen ist. Bitte die andere Person, nur zuzuhören und das Gesagte nicht zu kommentieren. So kannst du üben, dass zu einem authentischen Ich beide Seiten der Medaille gehören. Du kannst lernen, dass es absolut nicht schadet, in jeder Hinsicht ehrlich zu sein, sondern dass Ehrlichkeit im Gegenteil auch verbinden kann.

CHALLENGE 3: DER DEBATTIERCLUB

Vielleicht kennst du den deutschen Film *Contra* von Sönke Wortmann. Hier wird ein Universitätsprofessor dazu verdonnert, eine Studentin für einen bundesweiten Debattierwettbewerb vorzubereiten. Was in Deutschland eher ein Nischendasein fristet, wird Kindern und Jugendlichen in den USA oft schon in der Schule beigebracht: das Debattieren.
Das läuft folgendermaßen ab: Vor der Diskussion wird ausgelost, ob man für oder gegen ein Thema ist. Das Ziel ist es, seinen Verstand zu schulen, flexibel zu denken und valide Argumente zu finden, unabhängig davon, welchen Standpunkt man vertritt.
Egal wie frei und flexibel wir uns bemühen zu sein, oft bilden wir uns innerhalb von wenigen Sekunden eine Meinung. Die ist dann sowohl von Schubladendenken als auch von unseren gemachten Erfahrungen geprägt. Es kann daher interessant sein, einmal Debattierclub zu spielen. Das geht so: Finde eine oder mehrere Personen, die du gut kennst und mit denen du öfter sprichst. Schneide nun ein Thema an, das dich gerade umtreibt, sei es Veganismus, Umweltschutz oder das bedingungslose Grundeinkommen. Nimm einfach irgendein Thema, zu dem du dir bereits eine Meinung gebildet hast, zum Anlass und

fange ein Gespräch dazu an. Was du jetzt aber tust, ist Folgendes: Du nimmst in dem Gespräch die genau gegenteilige Meinung von deiner eigenen an. Du darfst das Ganze gern hinterher aufklären, doch lass dein Gegenüber zunächst in dem Glauben, du würdest tatsächlich die Meinung vertreten, die du ihm gegenüber angibst. Du darfst dich natürlich vorbereiten und vorab valide Argumente suchen, die du auch nachvollziehen könntest. Nur so wirkst du authentisch in eurem Gespräch.

Ziel der Übung ist es, sich so in andere Menschen einzufühlen, dass du verstehst, dass jeder auf der Welt eigentlich sein Bestes gibt. Und selbst wenn die Ansichten der anderen in deinen Augen nicht die besten sind, so sind sie es doch in deren Augen. Es ist nicht das Ziel herauszufinden, wer recht oder unrecht hat. Du willst herausfinden: Wie ist es, ein paar Schritte in den Schuhen eines anderen Menschen zu laufen? Denn erst wenn wir das tun, können wir andere Menschen wirklich verstehen und Verbindungen eingehen.

Das ist übrigens auch eine wundervolle Übung für kleinere Alltagsstreitigkeiten, etwa mit dem Partner oder der Partnerin. Dein Partner möchte von nun an teures Wok-Öl zum Kochen verwenden, du bist jedoch der Meinung, ein normales Sonnenblumenöl tut es auch? Tauscht die Rollen. Argumentiere du nun für das Wok-Öl und lass deinen Partner sich dagegen aussprechen. Und auch wenn ihr anschließend keine Lösung für euren Disput habt, so sorgt diese Debatte doch höchstwahrscheinlich zumindest für einen Lacher.

CHALLENGE 4: DAS KOMPLIMENT

Die Challenge kann ultimativ herausfordernd sein und ist gleichzeitig eine der schönsten Erfahrungen, die man machen kann. Zudem kann man sich sicher sein, dass der Mensch, mit dem man diese Erfahrung teilt, das auf keinen Fall jemals vergessen wird.

Mach einer anderen Person ein ernst gemeintes Kompliment, das von Herzen kommt. Beziehe das Kompliment nicht auf den Körper der anderen Person, also nicht auf die Figur oder die Frisur, denn man weiß nie, wie der Mensch über sein eigenes Aussehen denkt und ob ihn das vielleicht triggert. Mach stattdessen ein Kompliment zum Verhalten oder zur Ausstrahlung der anderen Person.
Hier ein paar Ideen:

- Sage der Mitarbeiterin an der Supermarktkasse, wie sehr du es schätzt, dass sie immer so freundlich und geduldig mit den Kundinnen umgeht.
- Mach deiner Sitznachbarin im Bus ein Kompliment zu ihren tollen Ohrringen.
- Lobe das fantastisch aufeinander abgestimmte Businessoutfit deiner Kollegin.
- Sage einer Frau, die dir auffällt, was für ein wunderschönes und ansteckendes Lachen sie hat.
- Mach der Lehrerin deiner Kinder oder einer fremden Mutter auf dem Spielplatz ein Kompliment für ihre einfühlsame und freundliche Art.

CHALLENGE 5: DIE SCHAMLISTE

Dies ist eine fast schon magische Challenge, die dir helfen kann, immer freier zu werden und dich immer mehr so anzunehmen, wie du bist. Es ist ganz normal, dass wir uns für etwas schämen. Und es kann ja auch vorteilhaft für uns sein, dass andere ihre Schamgrenzen haben. Scham bewahrt uns einerseits davor, etwas Peinliches zu tun. Oft ist das gut so – und in der Horrorskala, der ersten Challenge, haben wir schon beschrieben, dass es manchmal ganz wunderbar sein kann, diese Grenzen zu verschieben und beispielsweise in der Öffentlichkeit zu singen. Andererseits schleppen die meisten Menschen eine gefühlt tonnen-

schwere Last mit sich herum, einen Rucksack, der mit der Scham darüber gefüllt ist, was sie irgendwann mal getan haben, was ihnen passiert ist oder wie sie glauben zu sein.
Der erste Schritt zur Heilung solch eines Schamgefühls ist, uns bewusst darüber zu werden, wofür genau wir uns schämen. Was dann noch kraftvoller ist: das, wofür wir uns schämen, mit anderen zu teilen. Natürlich löst das die Befürchtung aus, dass die anderen uns dann ablehnen. Die Erfahrung zeigt aber, dass es in den meisten Fällen genau das Gegenteil bewirkt und ein Gefühl von Verbundenheit auslöst, wenn wir uns so offen und verletzlich zeigen. Ein Funfact am Rande ist: Die Dinge, die wir an uns selbst so verurteilenswert finden, finden wir bei anderen Menschen häufig gar nicht so schlimm. Meist sind wir selbst auch hier unsere schärfsten Kritiker.

Schritt 1: Erstelle eine Liste »Ich will nicht, dass … von mir weiß, dass …« Wähle für diese Challenge eine Person aus, mit der du dich verbunden fühlst. Vielleicht dein Partner, deine Partnerin, eine Freundin oder ein Familienmitglied. Schreibe dann auf: »Ich will nicht, dass … von mir weiß, dass …« und erstelle deine Liste. Sei gern gründlich. Was möchtest du lieber nicht, dass diese Person von dir erfährt?

Schritt 2: Erzähl der Person von deiner Liste. Jetzt kannst du deine Umkehrung leben. Aus »Ich will nicht, dass … von mir weiß, dass …« wird »Ich *will*, dass … von mir weiß, dass …«. Du könntest sagen: »Ich habe gemerkt, es gibt einige Dinge über mich, die ich bisher lieber vor dir verbergen wollte. Ich spüre, wie mich das hemmt, wie mich das kleinmacht und wie das unserer Beziehung nicht guttut. Ich habe eine Liste erstellt mit Sachen, für die ich mich schäme. Möchtest du eine dieser Sachen hören?« Sag es in deinen eigenen Worten. Beginne gern erst einmal mit einem leichteren Punkt, wenn dir das schwerfällt (was zu vermuten ist). Du kannst die Person anschließend fragen, was es mit ihr macht, dass du das mit ihr geteilt hast.

Ralf erzählt

Als ich diese Übung 2005 das erste Mal gemacht habe, inspiriert durch das Buch *Ich brauche deine Liebe – ist das wahr?* von Byron Katie, hatte ich am Ende eine Liste mit über 80 Punkten, von denen ich nicht wollte, dass meine Partnerin sie weiß. Lustigerweise hatte meine Partnerin eine ähnlich lange Liste erstellt. Wir haben uns dann immer mal wieder die einzelnen Punkte dieser Listen vorgelesen und uns darüber ausgetauscht. War das eine Überwindung? Klar! Doch diese Übung hat uns beiden so gutgetan. Und vor allem hat es unserer Beziehung so gutgetan, weil es so viel mehr Nähe kreiert hat, eine Nähe, die für mich vorher unvorstellbar gewesen war. Und es hat mich innerlich befreit: Danach habe ich mich selbst vielmehr so annehmen und lieben können, wie ich bin. Vor dieser Übung war mir das nicht möglich.

Natürlich ist es nicht angemessen, alles mit jedem Menschen zu teilen. Deiner Chefin von deinen Jugendsünden oder deinen sexuellen Fantasien zu erzählen, ist vielleicht nicht so angebracht. In dieser Challenge geht es darum, dass wir uns häufig in den Beziehungen, in denen uns Menschen nahestehen, viel mehr zurückhalten, als uns und unseren Beziehungen guttut. Es kann sogar ansteckend sein, wenn wir beginnen, offen zu sein und unsere Befürchtungen zu überwinden. Natürlich gibt es da ein Risiko. Und sollte uns wirklich mal jemand für das ablehnen, was wir ihm oder ihr in unserer verletzlichen Offenheit erzählen, können wir das vielleicht als ein Zeichen dafür sehen, dass diese Person nicht die ist, mit der wir weiter diese Nähe teilen wollen. Diese Challenge kannst du natürlich in einem zweiten Schritt auch auf andere Personen ausdehnen. Wenn du weitere Inspirationen haben möchtest, wie du mit dem Thema Scham umgehen kannst, findest du in *Vier Fragen, die alles verändern: Das große Praxisbuch für The Work nach Byron Katie* von Ralf Heske ein eigenes Kapitel dazu.

CHALLENGE 6: DIE WIEDERGUTMACHUNG

Jemandem Wiedergutmachung anzubieten für das, was wir ihm oder ihr angetan haben, ist in unserer Gesellschaft eher unüblich. Selbst wenn wir es damals nicht anders oder besser hätten machen können, unsere Handlung also unschuldig motiviert war, ist es trotzdem hilfreich, dass wir Verantwortung für unser Handeln übernehmen, wenn wir wirklich frei sein wollen. Hier kommt eine Anleitung in zwei Schritten, wie dir das gelingen kann. Die Übung kommt übrigens auch aus dem Buch *Ich brauche deine Liebe – ist das wahr?* von Byron Katie.

Schritt 1: Wem hast du etwas angetan? Bei wem möchtest du etwas wiedergutmachen? Suche dir eine Person aus.

Schritt 2: Schreibe einen Brief der Wiedergutmachung an die Person nach der folgenden Vorlage:

- Was hast du dieser Person angetan?
- Wenn es stimmig ist für dich, schreibe, dass es dir leidtut, dass du dieser Person das angetan hast.
- Frage die andere Person: »Wie kann ich das bei dir wiedergutmachen?« Oder biete etwas Konkretes an, wie du es gerne bei ihr wiedergutmachen möchtest, und frage, ob das für sie passt.
- Finde und benenne drei Sachen, die diese Person dir gegeben oder ermöglicht hat – und für die du dankbar bist. Danke ihr dafür.
- Beende den Brief, wenn es sich richtig anfühlt, mit »Ich liebe dich«. Oder finde einen anderen passenden Abschluss und unterschreibe den Brief.

Mit dem Anbieten von Wiedergutmachung kannst du dein Leben aufräumen, indem du die Verantwortung für deine Handlungen übernimmst. Teile diesen Brief nur mit der betreffenden Person, wenn du bereit dafür bist, die Konsequenzen für dein Handeln zu übernehmen.

Falls du ihn teilen möchtest, dann mach es so bald wie möglich. Du kannst diesen Brief vorlesen oder ihn frei teilen. In manchen Fällen passt es vielleicht auch, ihn abzuschicken. Höre dann der anderen Person zu, ohne dich in irgendeiner Form zu verteidigen. Wiedergutmachung ist es nur dann, wenn du bereit bist, sie bedingungslos anzubieten. Es geht nicht darum, dass die andere Person deine Handlungen entschuldigt. Spüre die Kraft, nichts von ihr zu wollen, sondern einfach etwas geben zu wollen.

Überprüfe, ob es angemessen ist, Wiedergutmachung anzubieten. Wenn du Wiedergutmachung leisten willst, es aber einen Menschen eventuell traurig machen würde, dann solltest du das Wohl des anderen über deins stellen. Beispiel: Du hast mitbekommen, dass eine entfernte Freundin von dir von ihrem Freund betrogen wurde und er es ihr nie gebeichtet hat. Als du die Freundin nun das nächste Mal siehst, sind die beiden bereits seit Längerem getrennt. Dich plagt das schlechte Gewissen, da du besagte Freundin nun immer öfter siehst und ihr euch mehr und mehr anfreundet. Du fragst dich, ob du ihr erzählen solltest, dass ihr Freund sie damals betrogen hat. Nun, frage dich vielleicht eher: Würde es etwas ändern, wenn du ihr jetzt davon erzählst? Sie sind ja bereits getrennt, und deine Freundin ist glücklich und erwägt auch nicht, wieder mit ihrem Ex-Freund zusammenzukommen. In diesem Fall wäre die Wiedergutmachung also eher, dass du dich der Person jetzt aufrichtig zuwendest und dich für sie einsetzt, anstatt ihr alles zu beichten. Du willst ja, dass es der Person nach deiner Wiedergutmachung besser geht und nicht schlechter. In manchen Fällen kannst du also entweder Wiedergutmachung leisten, ohne dass die betreffende Person es mitbekommt. Oder du stehst vielleicht anderen Menschen zur Seite, die unter einer ähnlichen Situation leiden. Sei kreativ! In dieser Challenge geht es aber darum, wirklich jemandem Wiedergutmachung anzubieten.

Übrigens: Wiedergutmachung anzubieten heißt nicht, alles zu tun, was die andere Person dir als Wiedergutmachung vorschlägt. Falls es nicht

für dich passt (beispielsweise wenn sie will, dass ihr wieder als Paar zusammen seid, das aber keine Option für dich ist), dann frage, was du ansonsten für sie tun kannst.
Diese Challenge kannst du natürlich auch auf andere Personen ausdehnen.

CHALLENGE 7: DER EISBRECHER

Das ist eine sehr powervolle Challenge, insbesondere im Umgang mit Gruppen. Vielleicht kennst du das: Du weißt, dass du dich allein in eine Gruppe von Menschen begeben wirst, sei es auf einer Party, auf der du kaum jemanden kennst, oder bei einer Netzwerkveranstaltung, die du gerade besuchst, um neue Kontakte zu knüpfen. Du fühlst dich unsicher, überlegst, was die anderen wohl von dir denken könnten, und fragst dich, wie du ein Gespräch beginnen könntest.
Zunächst einmal: Es ist völlig normal, dass man unsicher ist, wenn man in eine neue Gruppe kommt. Erstens liegt es außerhalb unserer Komfortzone, uns mit fremden Menschen zu unterhalten. Zweitens ist Small Talk sowieso eine Herausforderung. Drittens weiß man nicht, was einen erwartet.
Was sich bewährt hat, ist, diese Unsicherheit und die Ängste äußern zu lernen, sei es auf humorvolle oder einfach auf authentische Art und Weise. Das kannst du in zwei Schritten machen.

Schritt 1: Bevor du dich in die Gruppe begibst, halte kurz inne. Frage dich: Was fühle ich gerade? Bin ich unsicher? Habe ich Angst, nicht zu wissen, was ich sagen will? Was könnte passieren? Bestimme das so präzise wie möglich für dich.

Schritt 2: Stelle dich zur Gruppe dazu. Vielleicht ist die Gruppe gerade im Gespräch und nach ein paar Sekunden tritt eine Stille auf.

Diese Stille kannst du nun füllen, indem du den Menschen sagst, wie du dich fühlst, und sie fragst, ob sie dieses Gefühl auch kennen. Das kann zum Beispiel so klingen: »O Mann, geht es hier noch jemandem so? Immer wenn ich mich in neuen Gruppen befinde, bin ich erst mal ein bisschen unsicher und weiß nicht so recht, was ich sagen soll. Kennt ihr das? Man will ja auch nicht einfach plump nach den Hobbys fragen.«

Natürlich erfordert das deinen Mut. Darum geht es ja in diesen Challenges. Doch in den allermeisten Fällen folgen auf das eigene Outing fremde Outings und Verständnis. Das Eis ist gebrochen und mit etwas Übung meisterst du die nächste Party oder den nächsten Netzwerkabend mit links.

CHALLENGE 8: DIE VERABREDUNG

Wir stehen immer wieder vor der Herausforderung, dass wir uns in Gruppen befinden, die nicht unbedingt unseren Werten entsprechen oder nicht unbedingt die Energien mit uns teilen, die wir uns wünschen in unserem Leben. Das kann daran liegen, dass wir in verschiedenen Gruppen immer nur die Teile unserer Persönlichkeit zeigen, von denen wir glauben, dass wir für sie nicht verurteilt werden. Das führt zum einen dazu, dass uns die anderen nicht dafür mögen können, wer wir wirklich sind, sondern nur für das, was wir zeigen. Zum anderen kann es so sein, dass wir mit der Zeit ein Umfeld aufbauen, das im Kern gar nicht so richtig zu uns passt, sondern das nur zu der Fassade passt, die wir nach außen hin errichtet haben. Dadurch können wir langfristig unglücklich werden.

In dieser Challenge geht es darum zu lernen, sich ein unterstützendes Umfeld aufzubauen, eines, das zu einem selbst und zu den eigenen Werten passt. Hier kommt eine Schritt-für-Schritt-Anleitung, wie dir diese Challenge gut gelingen kann.

Schritt 1: Überlege, nach welcher Energie und welcher Art von Persönlichkeiten du dich in deinem Umfeld sehnst. Vielleicht hast du ein extrovertiertes Umfeld und kannst da nicht so richtig mithalten. Du wünschst dir vielleicht eher Sensibilität. Frage dich: Welche Energie und welche Eigenschaften wünsche ich mir? Welche Menschen könnten mich bereichern? Bei welchen Menschen würde ich mich über mehr Kontakt richtig freuen?

Schritt 2: Finde heraus, ob du einen Menschen kennst, der diese Eigenschaften und diese Energie hat. Gehe zum Beispiel deine Kontakte in deinem Telefon durch oder überlege, ob dir in deinem näheren Umfeld eine entsprechende Person aufgefallen ist, mit der du jedoch noch nicht in engerem Kontakt stehst. Es muss nicht perfekt passen. Schau einfach, wer deinen Wünschen nahekommt.

Schritt 3: Sprich diesen Menschen an und verabrede dich mit ihm. Falls dich ein Treffen zu zweit zu viel Überwindung kostet, kannst du auch mehrere Personen zu einem gemeinsamen Treffen bitten. Vielleicht möchtest du die drei passendsten Menschen fragen, ob sie Lust haben, ins Kino zu gehen oder einen Spieleabend zu machen.

Schritt 4: Richte die Gespräche so aus, dass Gemeinsamkeiten gefunden werden. Das fällt natürlich besonders leicht, wenn man einen gemeinsamen Aufhänger hat, zum Beispiel wenn man sich mal im Fitnessstudio gesehen hat, die gleiche Ausbildung macht oder den gleichen Arbeitgeber hat. Versuche, Gemeinsamkeiten herauszufinden: Mögt ihr vielleicht die gleichen Filme? Habt ihr eventuell ein ähnliches Hobby? Seid ihr gern in der Natur? Sprecht ihr gern über Philosophie? Über Gemeinsamkeiten entsteht Verbundenheit.

So kannst du es mit der Zeit schaffen, dir eine Gruppe von Menschen zu kreieren, die genau die Energie besitzt, nach der du dich sehnst.

CHALLENGE 9: DAS SOLO

Allein inmitten von Menschengruppen zu sein, kann als große Herausforderung empfunden werden. Man hat schnell das Gefühl, dass einen die anderen anstarren und bemitleiden, weil man offenbar niemanden hat, mit dem man gerade zusammen sein kann. Dabei kann es so befreiend sein, auch einmal bewusst ganz allein und nur mit sich selbst einen Tag zu verbringen – ganz ohne den Druck, irgendwo Bekanntschaften schließen oder Small Talk machen zu müssen. Und genau das ist die Challenge: Verbringe einen Tag nur mit dir allein, wobei du dich nicht in deinem sicheren Zuhause aufhältst. Geh raus. Misch dich unter die Leute. Mach all das, worauf du Lust hast. Und fühl dich gut dabei. Genieße die bewusste Entscheidung, heute nur mit dir zusammen sein zu wollen. Wenn es dir zwischendurch unangenehm ist, rufe dir diese Absicht erneut ins Bewusstsein. Du bist eine wundervolle Begleitung – auch für dich selbst.

Dir fehlt es an Ideen, was du unternehmen könntest? Hier ein paar Anregungen:

- Gehe in einem Café frühstücken oder brunchen.
- Besuche eine Kunstausstellung oder ein Museum.
- Gehe zu einer Lesung.
- Setz dich auf eine Wiese in den Park und mache ein Picknick. Frage vielleicht sogar jemanden, ob du dich dazusetzen darfst.
- Gehe bouldern (Kletterschuhe kannst du dir in den meisten Hallen ausleihen).
- Mach einen Kochkurs.
- Gehe ins Kino, ins Theater oder auf ein Konzert.
- Iss in einem schicken Restaurant zu Abend.
- Und wenn du ganz mutig bist: Gehe tanzen!

Ganz besonders wird diese Erfahrung übrigens, wenn du dein Handy zumindest den Großteil der Zeit in der Tasche lässt.

CHALLENGE 10: PRIO-FROGGING

Vielleicht denkst du manchmal auch, andere hätten so viel mehr erreicht als du, und fragst dich, woher sie eigentlich die Zeit nehmen, all das zu schaffen, was sie schaffen. Oder du hast eine Vision, kommst aber einfach nicht ins Handeln. Das Geheimnis, um dieses Dilemma zu überwinden, lautet: Prio-Frogging, eine Methode, die Agatha aus »Eat the frog first« weiterentwickelt hat. Wenn du Prio-Frogging konsequent anwendest, wirst du deine Ziele viel schneller erreichen, bist motivierter und hast mehr Selbstvertrauen. Warum? Unsere Motivation unterliegt zwei Regeln: 1. Untätigkeit führt zu Demotivation. 2. Motivation entsteht im Prozess. Prio-Frogging hilft dabei, ins Handeln zu kommen und zudem die Zeit von der Idee bis zur Umsetzung extrem zu verkürzen. So geht's:

Schritt 1: Schreibe dein Ziel auf. Hast du eine Vision oder ein Lebensziel, das du verwirklichen möchtest? Vielleicht möchtest du einmal auf dem Olympiatreppchen stehen, einen eigenen Onlineshop gründen oder die beste Kinderpsychologin Deutschlands werden. Was es auch ist, schreibe es auf.
Beispiel: *Du bist eigentlich fest angestellt, möchtest dich jedoch gern selbstständig machen. Allerdings hast du nach Büroschluss meist kaum noch Energie, um dich deinem so groß wirkenden Vorhaben zu widmen.*

Schritt 2: Leite das Hauptprojekt ab. Definiere die Meilensteine.
Beispiel: *Du schreibst eine Liste mit den ersten drei großen Meilensteinen: 1. Businessidee recherchieren; 2. Onlineauftritt erstellen; 3. erste Kunden gewinnen.*

Schritt 3: Erstelle eine To-do-Liste. Sie muss nicht einmal komplett sein, das ist bei langfristigen Projekten auch gar nicht möglich. Frage dich vielmehr: Wie kann meine To-do-Liste für dieses eine Projekt für

den heutigen Tag aussehen? Brich das Hauptprojekt nun herunter, damit es für dein Gehirn greifbarer wird. Zerkleinere die Aufgaben so lange, bis du eine konkrete Aufgabe hast. Je konkreter und in sich abgeschlossener die Aufgabe ist, desto besser ist es für dein Gehirn. Im Idealfall hast du am Ende eine ganze Liste an einzelnen Aufgaben, die du abarbeiten kannst.
Beispiel: *Du widmest dich zuerst deiner Businessidee. Du benötigst ein gutes Angebot. Du solltest zudem die Preise festlegen und kalkulieren, wie viel du in den ersten Monaten einnehmen möchtest und wie du deine Einnahmen steigern willst. Gut wäre es auch, über deine persönlichen Marktchancen Bescheid zu wissen. Hierfür solltest du wissen, was dein Angebot von Konkurrenzangeboten abhebt. Eine Internetrecherche kann dir helfen. Zudem nimmst du dir vor, mit deiner Zielgruppe zu sprechen, um mehr über ihre Probleme zu erfahren.*

Schritt 4: Prio-Frogging. Die Idee basiert darauf, dass du das Unangenehmste, was auf deiner To-do-Liste zu finden ist, gleich morgens als Allererstes erledigst. Und damit ist nicht gemeint, dass du als Erstes morgens die Küche putzt, weil du das so schrecklich findest. Gemeint ist das Unangenehmste für dein aktuell wichtigstes Ziel, deinen Lebenstraum oder deine Lebenspriorität. Die Theorie dahinter ist, dass dich die Energie, dass du das gemeistert hast, durch den ganzen Tag trägt, deine Motivation aufrechterhält und dich im Laufe der Zeit erfolgreicher macht. Es schafft Verbindlichkeit und Selbstvertrauen. Du hast das Gefühl, dich selbst ernst zu nehmen. Dein Fokus richtet sich aus, und das setzt weitere Mechanismen in Gang. Du schaffst dir so fast täglich ein Erfolgserlebnis und dadurch positive Gedanken.
Dieses Prinzip wirkt magisch, denn das, worauf du eh Lust hast, wirst du sowieso tun; das dagegen, was du nicht tun willst, wirst du vor dir herschieben, bis am Ende keine Zeit mehr dafür ist. Wenn du also diese eine Sache gleich zu Beginn des Tages erledigt hat, diese eine

Sache auf dem Weg zu dem, was dir wirklich, wirklich wichtig ist, fühlst du dich direkt erfolgreich.
Beispiel: *Bevor du dich von nun an jeden Morgen auf ins Büro machst, widmest du dich deiner Selbstständigkeit. Da Zahlen für dich am unangenehmsten sind, recherchierst du morgens direkt Finanzierungsmöglichkeiten deiner Selbstständigkeit.*

Es ist im Grunde egal, wie viel Zeit du morgens hast und wie viel du in der Zeit schaffst. Du musst keine großen Dinge erledigen. Wenn du wenig Zeit hast, reicht es vollkommen, kleine Dinge zu tun. Wichtig ist lediglich, dass du von deiner Lebensprioritätenliste das Unangenehmste zuerst machst. Das ist bereits ein hervorragendes Selbstwirksamkeitstraining: Denn wenn du regelmäßig etwas tust und dich auf dich selbst verlassen kannst, steigert es automatisch dein Selbstvertrauen.

Wrap-up
Unstoppable Living

Wie du mit neuen Gewohnheiten alles schaffen kannst, was du schaffen willst

Du hast in diesem Buch drei Säulen kennengelernt, die dir zu einem starken Selbstbewusstsein verhelfen: Clarity, Energy und Courage. Du hast bereits viele Übungen kennengelernt, die dein Selbstbild, deine Gefühle und deine Energie ins Positive switchen und deine Komfortzone spielerisch erweitern. Die Anregungen in diesem Kapitel helfen dir dabei, aus deinen Lieblingsübungen klare und auf dein Ziel ausgerichtete Gewohnheiten zu machen. So kannst du die Anregungen aus diesem Buch, die dich am meisten ansprechen, so richtig ins Leben bringen. Stelle dir deine ganz persönliche Toolbox für dein Selbstbewusstsein zusammen und trainiere es so Schritt für Schritt immer weiter.

DIE MACHT DER GEWOHNHEIT

Wenn wir uns etwas erträumen können, können wir es auch erreichen. Das bedeutet: Egal was wir uns wünschen; wenn wir uns vorstellen können, wie wir es erreicht haben, dann haben wir auch die Fähigkeit bereits in uns, es erreichen zu können. Es ist aber auch folgendermaßen: Wenn wir *nur* davon träumen, werden wir unser Ziel wahrscheinlich nie erreichen. Wir müssen auch aktiv werden. Wenn wir einen Marathon laufen möchten, dann reicht es nicht, uns gedanklich vorzustellen, wie wir die Ziellinie erreichen und die Medaille in Empfang nehmen. Es reicht auch nicht, uns in den emotionalen Zustand der Zielerreichung zu versetzen. Irgendwann müssen wir losgehen! Irgendwann müssen wir unsere Laufschuhe schnüren und trainieren. Wir müssen uns für den Marathon anmelden und uns an den Start stellen. Und dann müssen wir laufen, und zwar die vollen 42 Kilometer! Das Gleiche gilt, wenn wir uns selbstständig machen wollen. Auch dann reicht es nicht, uns mit unserem zukünftigen Ich zu verbinden und die Emotionen, die wir fühlen möchten, in die Gegenwart zu übertragen. Wir müssen ebenfalls losgehen. Wir müssen einen Businessplan schreiben, unsere Finanzen ordnen, eventuelle Fördermittel beantragen, unser Angebot formulieren, Kundinnen gewinnen und so weiter. Kurz gesagt geht es darum, all die Schritte zu gehen, die nötig sind, wenn man das eigene Ziel erreichen will.

Es geht darum zu handeln.

Es geht darum, eine Routine zu schaffen und Gewohnheiten zu etablieren. Insbesondere Letzteres scheint manchmal wirklich schwierig zu sein. Das zeigt sich immer wieder an den berühmten Vorsätzen fürs neue Jahr, in denen es gerne heißt: »Ich will mehr Sport treiben.« Oder: »Ich will gesünder essen.« Oder auch: »Ich will weniger am Handy sein, weniger netflixen, weniger Zucker essen, mit dem Rauchen aufhören …« Die Liste ließe sich beliebig fortführen. Schlechte Gewohnheiten loszuwerden, kann manchmal nämlich noch schwieriger sein, als gute Gewohnheiten zu installieren. Sei nachsichtig mit dir. Ohne das richtige System ist es einfach schwierig, die eigenen Gewohnheiten umzustellen. Und dieses System findet sich nun mal nicht in einem Glückskeks, den wir an Silvester öffnen in der Hoffnung, das nächste Jahr würde ausschließlich Sonnenschein, Konfetti und tanzende Einhörner für uns bereithalten. Hier kommen Vorschläge, wie du die einzelnen Säulen als Gewohnheiten in dein Leben integrieren kannst.

DEINE CLARITY-GEWOHNHEITEN

In Säule 1 hast du bereits viele Übungen kennengelernt, um den Kontakt zu dir selbst wiederherzustellen. Du hast dich von den Erwartungen anderer befreit, wenn sie für dich nicht stimmig sind. Du hast gelernt, wie du deine Selbstannahme trainieren kannst und warum du dafür niemals perfekt sein musst. Und du weißt nun, wie du dich von limitierenden Glaubenssätzen befreien kannst. Tatsächlich ist all das eine fast lebenslange Aufgabe, da das meiste von dem, was wir denken und fühlen, in unserem Unterbewusstsein stattfindet. Das macht es uns schwierig, immer sofort zu reagieren, wenn unser Verstand mal wieder versucht, uns zurückzuhalten.

Am leichtesten überwinden wir das, indem wir einige der Methoden und Übungen täglich in unser Leben aufnehmen. Wenn du zum Beispiel The Work nach Byron Katie regelmäßig anwenden möchtest, könntest du dir ein Gedankenjournal zulegen, in das du Themen notierst, die dich stressen. Dann nimmst du dir morgens mit deinem Tee oder Kaffee 20 Minuten Zeit in deinem Lieblingssessel, um einen der notierten stressverursachenden Gedanken schriftlich zu hinterfragen.

Wenn du Schwierigkeiten damit hast, deine Gefühle wahrzunehmen, kannst du immer mal wieder einen Gefühls-Check machen. Das kannst du zu jeder Tageszeit machen, zum Beispiel während du in der Schlange der Supermarktkasse stehst oder in der Büroküche darauf wartest, dass dein Teewasser kocht. Richte deine Aufmerksamkeit dafür nach innen. Was taucht da auf? Nimm wahr, welche körperlichen Empfindungen sich bemerkbar machen. Dann frage dich: Welches Gefühl könnte mit diesen körperlichen Empfindungen verbunden sein? Daran anknüpfend kannst du dann zu einem späteren Zeitpunkt die Übung »Schritt für Schritt zum Fühlen« (s. Seite 147) machen, oder du belässt es bei dem kurzen Check-in.

Du siehst, die Übungen aus Säule 1 eignen sich wunderbar, um Gewohnheiten daraus zu machen. Ergänzend kannst du dir natürlich selbst Gewohnheiten stricken, die dir mehr Klarheit bringen. Vielleicht merkst du, wie gut es dir tut, jeden Morgen mit einem Timer zehn Minuten in Stille zu meditieren. Oder es gibt dir Kraft, jeden Abend etwas eher ins Bett zu gehen und dafür früh aufzustehen und die ruhigen Morgenstunden für deine wichtigste Aufgabe zu nutzen. Sei achtsam mit dir, finde heraus, was dir guttut, und setze genau das dann in deinem Alltag um.

DEINE ENERGY-GEWOHNHEITEN

Je mehr Gewohnheiten du in deinem Leben installierst, die auf dein Energielevel fokussieren, desto leichter wird dein Leben, desto energievoller wird dein Tag und desto erfolgreicher bist du.
Vielleicht noch eine Sache vorneweg: Selbst die beste emotionale und mentale Energie nützt nichts, wenn du dich nicht auch um deinen Körper kümmerst. Eine gesunde Ernährung, regelmäßige ärztliche Check-ups und genügend Schlaf sind das A und O. Ein absoluter Energy-Booster ist übrigens Sport! Vielleicht bist du unsportlich und möchtest gerne sportlicher werden. Dann könnte folgende Übung etwas für dich sein.

Übung: Trainiere nach der Micro-Workout-Methode

Liegestütze sind (ebenso wie Squats) ein Allroundtalent, da sie – richtig ausgeführt – sowohl die Kraft in deinem gesamten Körper als auch deine Stabilität trainieren. Die perfekte Übung also für ein Unstoppable Living! Beginne heute mit so vielen Liegestützen (oder Squats), wie du sie gut schaffst. Beginne gern auch auf den Knien. Mache diese Anzahl Liegestütze eine Woche lang jeden Tag, am besten direkt nach dem Aufstehen. Du kannst es dir (wenn es der Platz in deinem Zuhause zulässt) zum Beispiel zur Gewohnheit machen, auf dem Weg ins Badezimmer innezuhalten, deine Füße an der Badezimmertür abzustützen und dann deine Liegestütze zu machen. Oder immer dann, wenn die Kaffeemaschine sich aufwärmt. Hast du eine Woche lang jeden Tag deine Anzahl an Liegestützen gemacht, gehst du in Woche zwei dazu über, einen Liegestütz mehr zu machen. In Woche drei machst du wieder einen mehr und immer so weiter.

Dieses Micro-Workout, jeden Tag ausgeführt, bringt dir gleich zwei gute Sachen: Du machst Sport für deine Energie und startest bereits kraftvoll in den Tag. Du etablierst kleine Mini-Habits, was es dir wiederum leichter macht, sie auch einzuhalten. Du hast etwas erledigt, was sich gut anfühlt – und hast gleich morgens dein erstes Erfolgserlebnis. Damit stärkst du deine Selbstwirksamkeit und dein Selbstvertrauen. Win, win, win also. Probiere es aus. Alternativ auch mit Squats.

Die Sache ist die: Hast du etwas erst zur Gewohnheit gemacht, indem du es jeden Tag zur selben Zeit und am selben Ort ausführst, musst du irgendwann gar nicht mehr darüber nachdenken. Du machst es ganz automatisch, weil es zu deinem Tag dazugehört. In Säule 2 »Unstoppable Energy« (s. ab Seite 156) findest du viele Übungen. Vielleicht ist da etwas für dich dabei, das du jeden Tag machen möchtest. Oder du findest etwas Eigenes, das zu *dir* passt, das *dir* Energie gibt und das *dich* glücklich macht. Dass du die richtige Gewohnheit auf der Ebene der Energie gefunden hast, bemerkst du daran, dass du sie gar nicht auslassen *willst*, weil sie dir so guttut – nicht einen einzigen Tag.
Hier noch ein weiterer Energy-Hack:

Habit Stacking kompakt

Es kann superhilfreich sein, einzelne Gewohnheiten miteinander zu verknüpfen. Diese Methode ist so erfolgreich, dass sie sogar einen eigenen Namen bekommen hat: Habit Stacking. Indem du eine neue Handlung in eine bereits bestehende Gewohnheit einbaust, »stapelst« du quasi deine Gewohnheiten und vergrößerst so die Chance, dass sich auch die neue Handlung zu einer Gewohnheit auswächst. Da du ohnehin die Zeit für etwas wie

Zähneputzen oder Duschen aufwendest, sparst du quasi Zeit, wenn du hier gleichzeitig einen Energy-Booster einschiebst. Anregungen gefällig?

- Mach dir, während du dir deinen morgendlichen Kaffee oder Tee kochst, einen Song an, der dir Energie gibt, und tanze dazu.
- Überlege dir unter der Dusche, welches Gefühl du heute suchst, und stelle dich bereits auf dieses Gefühl ein.
- Du kannst dir beim Zähneputzen bereits die Gedanken ansehen, die dein Verstand dir vorschlägt, und dich bewusst dazu entschließen, die bestärkenden Gedanken zu glauben und die negativen Gedanken für heute ziehen zu lassen. So verbindest du Energy mit Clarity.
- Suche dir eine Atemübungen raus und mache sie jeden Morgen an der gleichen Stelle deines Tagesablaufs.

DEINE COURAGE-GEWOHNHEITEN

Warum das mutige Erweitern deiner Komfortzone wichtig sein kann, weißt du bereits. Wenn du dich immer freier und wirkmächtiger fühlen möchtest, kannst du dir das sogar zur Gewohnheit machen. Kleine »Comfort Zone Stretches« können die eigene Komfortzone auch in ein ganz neues Licht rücken.

Übung: Mini Comfort Zone Stretches

Nimm dir vor, einmal im Monat etwas Neues auszuprobieren. Es hat sich bewährt, hier »mit dem Kalender zu gehen«, sich also zu jedem Ersten des Monats etwas Neues vorzunehmen, das man in diesem Monat dann auch durchzieht. Hier ein paar Ideen:

- Minigolf im Schwarzlicht
- eine neue Sportart, etwa Krav Maga, Klettern, Joggen, Schwimmen, Kickboxen
- ein Buch eines Genres lesen, das du vorher nie gelesen hast
- ein Museum besuchen, das du noch nie besucht hast
- einen Malkurs buchen

Hast du deine Komfortzone vorher vielleicht als langweilig oder eintönig empfunden, kannst du sie nun nach einem Stretching zum Wiederaufladen deiner Batterien nutzen, zum Ausruhen, zum Luftholen, zum Verweilen und Glücklichsein.

In Säule 3 »Unstoppable Courage« (s. ab Seite 176) hast du bereits einige Challenges kennengelernt, die deine Komfortzone spielerisch erweitern. Wenn dir diese Challenges guttun, kannst du sie jederzeit noch einmal durchführen, vielleicht auch in abgewandelter Form. Du könntest es dir zur Gewohnheit machen, immer mal wieder über die Horrorskala nachzudenken: Wofür könntest du sie heute anwenden? Welche neuen Herausforderungen möchtest du als Nächstes angehen?

Oft genügt es, einfach anzufangen und einen Handlungsimpuls zu setzen. Aus diesem Handlungsimpuls kann dann eine wirklich schöne neue Erfahrung entstehen. Vor allem kann dieser erste Handlungsimpuls den Funken unserer Motivation entzünden.

Du kannst dir auch eigene Challenges stricken. Überlege einfach: Wo fühlst du dich noch gehemmt? Was traust du dir noch nicht zu? Und schaue, was du tun kannst, um deine Komfortzone zu erweitern. Denn immer wenn wir in die Mutzone gehen, erweitern wir unsere Komfortzone. Beispiele dafür könnten sein: vor deinen Kolleginnen eine Präsentation halten, deinen Eltern sagen, wofür dein Herz wirklich brennt, deine Chefin um eine Gehaltserhöhung bitten, deiner Freundin sagen, dass du es nicht in Ordnung findest, dass sie so oft Witze über deinen Freund macht, einen Arzttermin telefonisch ausmachen und nicht per E-Mail.

GO FOR IT AND BE UNSTOPPABLE!

Motivation ist wie ein scheues Reh. An manchen Tagen spüren wir förmlich, wie sie zwar in unserer Nähe ist, doch irgendwie bekommen wir sie nicht zu greifen. Und an anderen Tagen entdecken wir sie an den ungewöhnlichsten Orten und wundern uns hinterher, mit welch Intensität sie uns doch gepackt hat. Falls du dich nun fragst, ob du deine Motivation auch bewusst lenken kannst, lautet die beruhigende Antwort: Ja, das kannst du.

Die Wurzel der Motivation – und das steckt schon im Wort selbst – ist das Motiv. Sei dir im Klaren darüber, warum du etwas machst. Und hier reicht es nicht, sich zu sagen: »Ich will einfach mehr Selbstbewusstsein.« Das ist zu abstrakt, als dass es dich ins Handeln bringt. Was sind die Auswirkungen, die das mangelnde Selbstbewusstsein auf dein Leben hat – auf deine Karriere, deine Partnerschaften, deine Freundschaften und dein Glücksempfinden? Wofür brauchst du das Selbstbewusstsein? Je konkreter du wirst, desto leichter fällt es dir, ins Handeln zu kommen.

Was würdest du tun, wenn du alles Selbstbewusstsein der Welt hättest? Was würdest du tun, wenn du wirklich mutig wärst?

Die Antworten auf diese Fragen sind dein Motiv. Vielleicht möchtest du mehr Selbstbewusstsein, um Karriere zu machen, weil du gern finanziell frei sein und die Welt bereisen möchtest. Oder du möchtest mehr Selbstbewusstsein, um endlich deinen Traumpartner oder deine Traumpartnerin ansprechen und vielleicht eine Familie gründen zu können. Dein Motiv ist also nicht das Selbstbewusstsein, sondern das, was dahintersteckt. Und dieses Dahinter darfst du immer wieder aufspüren und untersuchen. Denn wenn du das nicht hast, wenn du dein Motiv nicht kennst, dann wird sich auch keine Motivation einstellen.

Um ganzheitlich Motivation zu erlangen, brauchst du drei Dinge:

Die Zutaten für deine Motivation

Du brauchst eine Vision. Stelle dir vor und male dir in konkreten Bildern aus, wie dein Leben aussehen würde, wenn du selbstbewusst und voller Selbstvertrauen und Mut wärst, wenn du weder Angst noch Zweifel kennen würdest. Das ist deine Vision.

Du brauchst ein Motiv. Dein Motiv ist eingebettet in deine Vision. Es ist dein Wofür. Es ist das, was dich durch schwierige Zeiten tragen wird. Es ist das, was du schmerzlich vermissen würdest, wenn du es nicht erreichst.

Du brauchst den Glauben an dich selbst. Glaube daran, dass du alles schaffen kannst, was du schaffen willst. Vertraue dir! Es reicht nicht, es nur zu hoffen. Wenn du nur hoffst, aber eigentlich nicht damit rechnest, es zu schaffen, schaltet sich dein kluger Verstand ein und nimmt dir deine Motivation schneller wieder weg, als du bis drei zählen kannst. Klar, wozu solltest du dich auch abrackern, wenn am Ende eh nichts dabei rumkommt?

Um also dauerhaft motiviert zu bleiben, brauchst du den absoluten Glauben, die felsenfeste Überzeugung, ja geradezu die Erwartung, dass du auf jeden Fall das erreichen wirst, was du dir vorgenommen hast.

Sorge dafür, dass sich zu jeder Zeit alle drei Zutaten in deinem Vorratsschrank befinden. Nimm dir jeden Tag eine Kleinigkeit aus diesem Buch vor und übe sie. Im Laufe der Zeit wirst du so lernen, dass du dich auf dich selbst verlassen kannst. Du wirst lernen, dass all diese kleinen Übungen sich plötzlich aufaddieren und du dir etwas Größeres vornehmen kannst. Du wirst anfangen, den Glauben an dich selbst zu entwickeln und die Erwartungshaltung, dass ein glückliches, mutiges, selbstbewusstes Leben auch für dich möglich ist. Du wirst dich trauen, dein Segelschiff aus dem sicheren Hafen hinauszumanövrieren und in unbekannten Gewässern zu segeln. Du wirst endlich den Zielen entgegensegeln, die dein Herz schon so lange höherschlagen lassen.

Und dann? Mach deine Vision zur Priorität in deinem Leben. Konzentriere dich darauf und lass dich nicht ablenken. Streng dich an, arbeite hart und ernte jede noch so kleine Frucht. Wenn du ein Hindernis überwindest, wenn du dich selbst überwindest, dann wirst du belohnt. Und vergiss nie, auch deine kleinen Erfolge richtig abzufeiern!

Erinnere dich: Du bist bereits unstoppable, denn du trägst alles in dir, was es dafür braucht. Go for it und greife nach den Sternen. Lebe dein Traumleben. Lebe dein Unstoppable Self.

ONLINEBEREICH

Das kostenlose Onlinetraining zum Buch mit wunderschönen Meditationen, inspirierenden Videos und Worksheets zum Ausfüllen findest du hier: www.unstoppable-buch.de

Agatha Bieschke: www.agathabieschke.de
Ralf Heske: www.ralfheske.com
Aliana Bieschke: www.missaliana.com

INFO

The Work of Byron Katie: © 2023 Byron Katie International, Inc., www.thework.com und www.thework.com/deutsch
Das Arbeitsblatt »Urteile über deinen Nächsten von Byron Katie« findest du auf www.thework.com. Klicke auf »Downloads« und wähle unter »The Judge-Your-Neighbor Worksheet« die Option »The Worksheet«, wo du dann als Sprache »German« auswählen kannst.

BUCHTIPPS

Sabine Asgodom: *So coache ich. 25 überraschende Impulse, mit denen Sie erfolgreicher werden.* Kösel 2012
Judith Beck: *Praxis der Kognitiven Verhaltenstherapie.* Beltz 2013
Brendon Burchard: *Das MotivationsManifest. 9 Versprechen, das Leben zu meistern.* Allegria 2016
Vivian Dittmar: *Gefühle & Emotionen – Eine Gebrauchsanweisung.* VCS Dittmar, 2014
Ralf Heske: *Vier Fragen, die alles verändern: Das große Praxisbuch für The Work nach Byron Katie.* Gräfe und Unzer 2020
Byron Katie: *Lieben was ist: Wie vier Fragen Ihr Leben verändern können.* Goldmann 2002
Byron Katie: *Ich brauche deine Liebe – ist das wahr? Liebe finden, ohne danach zu suchen.* Goldmann 2013
Safi Nidiaye: *Gefühle sind zum Fühlen da.* Integral 2017
Anthony Robbins: *Das Robbins Power Prinzip: Befreie die innere Kraft.* Ullstein 2004
Robert I. Sutton: *Der Arschloch-Faktor: Vom geschickten Umgang mit Aufschneidern, Intriganten und Despoten im Unternehmen.* Heyne 2007

QUALITÄTS G|U GARANTIE

LIEBE LESERINNEN UND LESER,

wir wollen Ihnen mit diesem Buch Informationen und Anregungen geben, um Ihnen das Leben zu erleichtern oder Sie zu inspirieren, Neues auszuprobieren. Wir achten bei der Erstellung unserer Bücher auf Aktualität und stellen höchste Ansprüche an Inhalt und Gestaltung. Alle Anleitungen und Rezepte werden von unseren Autoren, jeweils Experten auf ihren Gebieten, gewissenhaft erstellt und von unseren Redakteur*innen mit größter Sorgfalt ausgewählt und geprüft.

Haben wir Ihre Erwartungen erfüllt? Sind Sie mit diesem Buch und seinen Inhalten zufrieden? Wir freuen uns auf Ihre Rückmeldung. Und wir freuen uns, wenn Sie diesen Titel weiterempfehlen, in Ihrem Freundeskreis oder bei Ihrem Online-Kauf.

Sollten wir Ihre Erwartungen so gar nicht erfüllt haben, tauschen wir Ihnen Ihr Buch jederzeit gegen ein gleichwertiges zum gleichen oder ähnlichen Thema um.

KONTAKT ZUM LESERSERVICE

GRÄFE UND UNZER VERLAG
Grillparzerstraße 12
81675 München
www.gu.de

IMPRESSUM

Postfach 860366,
81630 München

G|U

GU ist eine eingetragene Marke der GRÄFE UND UNZER VERLAG GmbH, www.gu.de

ISBN 978-3-8338-9068-0
1. Auflage 2023

Projektleitung:
Anja Schmidt
Umschlaggestaltung und Layout: ki36 Editorial Design, München,
Daniela Hofner
Herstellung: Markus Plötz
Satz: Uhl + Massopust, Aalen
Reproduktion: LUDWIG:media, Zell am See
Druck und Bindung: Livonia, Riga

Umwelthinweis
Nachhaltigkeit ist uns sehr wichtig. Der Rohstoff Papier ist in der Buchproduktion hierfür von entscheidender Bedeutung. Daher ist dieses Buch auf PEFC-zertifiziertem Papier gedruckt. PEFC garantiert, dass ökologische, soziale und ökonomische Aspekte in der Verarbeitungskette unabhängig überwacht werden und lückenlos nachvollziehbar sind.

Bildnachweis
Cover- und Innenteil-Abbildung: Adobe Stock;
Autorenfotos:
Agatha Bieschke: Christina Opeldus;
Ralf Heske: Sara Walker

Syndication:
www.seasons.agency

GRÄFE UND UNZER

Ein Unternehmen der
GANSKE VERLAGSGRUPPE